互联网时代下的财务管理创新研究

李欣蔚 著

中国纺织出版社有限公司

图书在版编目（CIP）数据

互联网时代下的财务管理创新研究 / 李欣蔚著 . -- 北京：中国纺织出版社有限公司，2023.12
ISBN 978-7-5229-1332-2

Ⅰ.①互… Ⅱ.①李… Ⅲ.①财务管理-研究 Ⅳ.①F275

中国国家版本馆 CIP 数据核字（2023）第 250586 号

责任编辑：王　慧　　责任校对：高　涵　　责任印制：储志伟

中国纺织出版社有限公司出版发行
地址：北京市朝阳区百子湾东里 A407 号楼　邮政编码：100124
销售电话：010—67004422　传真：010—87155801
http://www.c-textilep.com
中国纺织出版社天猫旗舰店
官方微博 http://weibo.com/2119887771
天津千鹤文化传播有限公司印刷　各地新华书店经销
2023 年 12 月第 1 版第 1 次印刷
开本：710×1000　1/16　印张：12
字数：186 千字　定价：98.00 元

凡购本书，如有缺页、倒页、脱页，由本社图书营销中心调换

前言 | Preface

随着我国资本市场的日益发达和现代企业制度的建立,作为组织企业财务活动、处理企业财务关系的一项综合性经济管理活动,财务管理在企业管理中的地位日益提高,财务管理学作为一门研究财务管理理论和方法的学科,也受到了理论界、实务界的进一步关注。而随着互联网信息经济时代的到来,互联网技术也给各国经济发展带来了深远的影响,传统经济正逐步向互联网信息经济过渡,以互联网技术为代表的高新技术催生的新经济模式,将在企业管理中发挥越来越重要的作用。

互联网正成为连接一切的中心,促进了融合,破除了传统企业和传统思维打造的障碍,轻易地实现了人类聚合天下的梦想。互联网也改变了传统财务管理创新活动,提高了财务核算的准确性,改变了财务信息的载体和信息存储方式,提高了信息处理、披露和使用的时效性,增强了信息的共享性,赋予了传统财务理论和实务新的特征。"互联网+财务管理"产生的根本原因是互联网的发展,互联网在财务管理的控制和决策中起重要作用。

互联网打破了传统营销中的信息不对称障碍,消除了时间、空间等因素的限制,颠覆了传统的企业营销方式,以更低的成本、更高的效率获得了更快的发展。但事实上,互联网对企业的颠覆和升级绝不仅限于营销,对企业的成长而言,首要因素仍然是组织和人。

网络技术为现代财务管理的顺利实施提供了技术保障,同时,财务管理过程本身是信息资源的利用过程。本书立足互联网时代,通过对当前企业财务管理的现状进行分析，阐述了在互联网时代，企业如何运用互联网更好地为决策者和投资者提供财务信息，降低企业经营风险。同时，本书也对互联网时代的财务管理的相关知识进行了分析：互联网时代下财务管理的现状及创新意义、互联网时代下财务管理内部控制、互联网时代下财务管理技术与方法创新、互联网时代下企业财务风险创新管理及互联网时代下财务管理信息化融合等内容，以期不断充实和完善新形势下财务的理论体系和实施技术。

  在撰写过程中，本书参考了大量国内外文献，在此对这些文献的作者表示衷心感谢。由于作者水平有限，在撰写过程中难免出现错漏之处，敬请专家和广大读者批评指正。

李欣蔚

2023 年 12 月

目 录 | Contents

第一章　绪　论 …………………………………………………………… 1
　第一节　财务管理基本内涵 ………………………………………… 1
　第二节　互联网下的企业财务经营环境 …………………………… 9
　第三节　互联网网络财务管理系统构建 …………………………… 11

第二章　互联网时代下财务管理的现状及创新意义 ………………… 21
　第一节　互联网时代下财务管理的现状 …………………………… 21
　第二节　互联网时代下企业财务管理创新的意义 ………………… 23
　第三节　互联网时代下财务管理创新及理念创新 ………………… 24
　第四节　互联网时代下流程再造财务创新 ………………………… 53
　第五节　互联网时代下税收筹划及成本管理战略创新 …………… 86

第三章　互联网时代下财务管理内部控制 …………………………… 95
　第一节　内部控制概念及其发展 …………………………………… 95
　第二节　互联网财务管理内部控制特点 …………………………… 104
　第三节　互联网财务管理内部控制体系设计原则 ………………… 109
　第四节　互联网财务管理内部控制的实现 ………………………… 113

第四章　互联网时代下财务管理技术与方法创新 …………………… 125
　第一节　互联网时代下预算管理创新 ……………………………… 125
　第二节　互联网时代下财务筹资活动创新 ………………………… 129

第三节　互联网时代下投资活动及模式创新 …………………… 132
　　第四节　互联网时代下财务分配活动及财务报告创新 ………… 140

第五章　互联网时代下企业财务风险创新管理 ……………………… 149
　　第一节　互联网时代对企业的帮助与指导 ……………………… 149
　　第二节　互联网时代数据收集中风险的管控 …………………… 152
　　第三节　互联网时代财务风险预警及管理途径 ………………… 158
　　第四节　互联网时代企业有效全面的风险管理体系构建 ……… 161

第六章　互联网时代下财务管理信息化融合 ………………………… 173
　　第一节　财务管理信息系统的开发背景 ………………………… 173
　　第二节　财务管理信息系统的需求分析 ………………………… 174
　　第三节　财务管理信息系统的设计应用 ………………………… 179

参考文献 ………………………………………………………………… 181

第一章 绪 论

财务管理是财务的一部分,通过决策制定和适当的资源管理,在组织内部应用财务原理来创造并保持价值。从企业的角度看,财务管理就是对企业财务活动过程的管理。具体地说,就是对企业资金的筹集、投向、运用、分配以及相关财务活动的全面管理。其目的是有效地利用资源,以便实现企业的目标。

第一节 财务管理基本内涵

一、财务管理的内容

企业生产经营的过程,从购买生产要素开始,到投入生产过程、生产出中间产品和最终产品,再进入销售过程,最后取得销售收入和利润;然后进行质或量的扩张,进入下一个再生产过程。这是一个资本不断运动变化的过程,也就是企业财务活动的过程。资本是企业财务活动的基本要素,企业财务活动的基础是资本的运动。资本的运动过程及内容,决定了企业财务活动的内容。而企业财务活动的内容,就是企业财务管理的内容。

根据企业财务活动的内容,企业财务管理的主要内容可概括为:筹资管理、投资管理、营运资产管理、收入与分配管理。财务管理实际上是一种决策,财务管理决策主要有以下几个方面。

(一)投资决策

决定企业是否应该购买长期资产,企业将投资哪些资产,是否进行新项目投资等。企业长期投资的计划与管理过程,称为资本预算,即对未来现金流的大小、流转时间和风险的评估。

（二）融资决策

决定如何获得企业所需要的资金，融资成本有多大，如何安排企业长期债权与股权的比例结构才能使公司的价值最大化，如何使融资成本最小等。

（三）营运资本管理决策

企业的营运资本管理是一项日常活动，以保证企业持续经营、避免生产中断以及由此带来的巨大损失。营运资本管理决策包括企业应该持有多少现金和存货，是否应向顾客提供信用销售，如何获得必要的短期融资等内容。

（四）收入与分配决策

即决定公司采取什么样的股利政策，在公司股利分配与留存收益之间如何进行选择，并分析公司股利政策对企业资本结构、公司价值、股票价格的影响等。

除了上述四项决策外，财务管理决策还包括企业的并购、重组、破产清算、跨国经营财务管理、财务分析与财务计划等内容，它们一起构成了企业财务管理的完整内容。

二、财务管理的特征

现代财务管理以企业价值或股东财富最大化为目标，以企业资本运动为对象，以财务决策为核心，以投资、融资、营运资本管理为主要内容，贯穿企业管理的全过程。财务管理利用资本、成本、收益、利润等价值指标来组织、使用企业的各种资源和要素，以便形成、实现和分配企业的价值，体现"理财"的特征。因此，财务管理实际上是一种关于价值的管理和决策，是对企业再生产过程中的价值运动所进行的管理。

现代企业财务管理具有如下特征。

（一）涉及面广

企业生产经营的各个方面、各个领域、各个环节都与财务管理密切相连。企业生产要素的购买、生产的组织、营销的开展、资产的管理、技术的开发、人事与行政的管理、分配的进行等活动，无不伴随着企业资金或资本的运动。每个部门或环节在如何使用资金，如何计算成本及如何实现收入等方面，都受到财务管理制度的制约。从有效利用资源的角度看，财务管理涉及企业生产经营和管理的各个方面。

（二）综合性强

财务管理能以价值形式综合反映企业的生产经营及管理的效果、财务信息和财务指标，能综合地反映出企业的资产负债情况、成本与收益大小、资源利用效率等，进而反映出企业的管理水平、竞争力及市场价值。财务信息通过把企业生产经营的各种因素及其相互影响等全面、综合地反映出来，进而有效地促进企业各方面管理效率的提高，是财务管理的一个突出特点。此外，在进行财务分析和决策时，财务管理人员必须了解和掌握现代经济学、金融学、会计学、统计学、管理学等相关知识和方法。从这个意义上说，财务管理决策具有知识综合性的特点。

（三）企业管理的核心

现代企业管理，包括生产管理、技术管理、人力资源管理、财务管理、营销管理、资产管理、战略管理等许多内容，其核心是资源配置和价值创造。钱从哪里来？往哪里花？企业的终极目标是什么？如何少花钱多办事？如何有效地利用资源？如何有效地激励管理人员和员工？如何考核、度量企业的经营绩效？如何分享企业的经营成果？这些都是企业管理者必然关注的问题。企业生产运营、管理的一切方面，最终都归结为财务管理的基本问题，都要通过财务指标来反映。再好的企业，如果长期处于亏损状态，就不能说是一个成功的企业；再好的管理，如果不能实现公司的价值目标，不能使股东财富或企业价值增加，就不能说是一种有效的管理。从这个意义上说，财务管理是现代企业管理的核心。

（四）不确定性和复杂性

在现实世界中，未来充满着不确定性。由于信息不完全或信息不对称，以及委托代理关系的普遍存在，现代企业在进行财务管理决策时，将受到众多不确定性因素的影响。例如，商品及要素价格的变化、利率及汇率的变化、决策者偏好、竞争对手策略、市场结构与市场需求的变化、国内外金融市场的波动、宏观经济政策的调整、技术创新与变革、制度变化等，都将对企业的财务管理活动和财务管理决策产生重要影响。这些变量具有较大的不确定性或不可预知性，使得企业财务管理面临着极大的不确定性，财务管理决策就变得更加复杂。

三、财务管理的目标

财务管理目标就是通常所说的理财目标,是指企业进行财务活动所要达到的根本目的,它决定企业财务管理的基本方向。关于企业的财务管理目标,在财务理论界有不少提法,也一直存在一些争论。随着财务经济学的发展和企业管理实践的变革,财务管理的目标也在不断演化。财务管理的目标主要有以下几点。

(一)利润最大化

利润最大化的观点,在经济学中根深蒂固,在理论和实践中具有相当广泛的影响。自亚当·斯密以来,经济学家就把人类行为界定为追求财富最大化,即假设人是具有理性的经济人,个人追求自身利益的最大化,而市场通过"看不见的手"协调经济运行。利润最大化是新古典经济学的基本假设之一,新古典经济学在分析微观个体的经济行为时,假设个人追求效用最大化,厂商追求利润最大化。在完全竞争的市场中,当边际成本等于边际收益时,厂商就实现利润最大化,而实现利润最大化的要素组合,就实现了资源的最优配置。因此,许多经济学家都以利润最大化来分析企业的行为和评价企业的业绩。经济学中的利润,指的是经济利润而非会计利润,而且是长期利润,利润最大化曾经被认为是企业财务管理的正确目标。这种观点认为:利润代表企业新创造的财富,利润越多则企业财富增加越多。以利润最大化作为企业财务管理目标有其科学成分,企业追求利润最大化,就必须不断加强管理、降低成本、提高劳动生产率、提高资源利用效率。追求利润最大化反映了企业的本质动机,也为企业的经营管理提供了动力。同时,利润这个指标在实际应用中简单直观,容易理解和计算,经营收入减去经营成本就是利润,在一定程度上也反映了企业经营效果的好坏。

利润最大化观点在实际运用中存在以下缺陷:

(1)利润最大化模糊不清。利润有许多含义,是指会计利润还是经济利润,是短期利润的最大化还是长期利润的最大化。

(2)利润最大化忽略了所获货币的时间差异,即没有考虑货币的时间价值。

(3)利润最大化忽略了不同方案之间的风险差异,没有考虑所获利润应承担的风险问题，可能导致财务管理者不顾风险的大小，一味追求更多利润。

（4）利润最大化中的利润，是一个绝对数，它没有反映出所获利润与投入资本额的关系。

（5）如果片面强调利润的增加，有可能诱使企业产生追求利润的短期行为，而忽视企业的长期发展。这在中国国有企业的经营绩效考核中尤为严重。

常有学者把每股收益最大化目标作为利润最大化的改进而提出来，然而，它也不是一个完全正确的公司目标。首先，它没有确定预期回报发生的时间或时期。其次，使用传统收益率，如投资收益率，没有考虑风险因素。最后，它还没有考虑股利政策对股票每股股价的影响，如果公司的唯一目标是每股收益最大化，则公司将永远不支付股利，因为可以把收益留在公司内部，以投资任何收益率为正的项目。

（二）股东财富最大化

股份公司是现代企业的主要形式，其典型特征是所有权与经营权的分离。股东不直接参与企业的经营管理，而是委托给经营者，委托代理就成为一种普遍现象。根据现代委托代理理论，企业经营者应该最大限度地为股东或委托人谋求利益，而股东的利益是要增加投资回报，增加股东财富。因此，股东财富最大化这一目标就自然受到人们的关注。

股东作为企业的所有者，其财富就是他所持公司股票的市场价值。如果以未来一定时期归属股东权益的现金流量（如每股收益或每股红利），按所要求的最低收益率（考虑风险报酬的资本成本）折为现值，可得到股东投资报酬的现值，这就是股东财富的具体体现。

许多经济学家主张选择股东财富最大化为企业财务管理的目标，理由如下。

（1）股东财富非常明确，它基于预期流向股东的未来现金流量，而不是模糊的利润或收入。

（2）股东财富明确地取决于未来现金流量的时间，股东财富最大化在一定程度上能克服企业在追求利润时的短期行为。因为不仅目前的利润会影响股票价格，预期未来的利润也会对企业股票价格产生重要影响。

（3）股东财富的计量过程考虑了风险因素，风险的高低会对股票价格产生重要影响。

（4）股东财富最大化目标比较容易量化，操作方便、简单。

股东的财富由其拥有的股票数量和股票的市场价格来决定。当股票价格达到最高时，股东财富也就达到了最大，所以，股东财富最大化通常演变成公司股票价格最大化。

公司理财强调股票价格最大化的原因如下所述。

（1）股票价格在所有的衡量指标中最具有可观察性，能被用来判断一家上市公司的表现。与不经常更新的收益和销售不同，股票价格不断地更新以反映来自公司的新消息。

（2）在一个理性的市场中，股票价格趋向于反映公司决策所带来的长期影响。这与会计衡量指标不同，收入、销售或市场份额等指标都只着眼于公司决策对当前运作产生的影响，而股票的价值则是公司前景与长期状况的函数。在一个理性的市场中，对投资者而言，股票的价格趋向于反映它本身的价值。

（3）公司股票价格是所有市场参与者对公司价值判断的集中反映。公司股价受很多因素的影响，包括现在及可预期未来的每股收益、收益发生的时间安排、收益的期间和风险、公司的股利政策以及其他影响股价的因素。因此，公司的股价是公司经营情况的"晴雨表"，显示了公司的管理带给股东的收益变化。

（4）如果股东对公司管理业绩不满意，可以出售手中的股票。如果众多不满意公司管理的股东都出售持有的股票，该公司的股票价格就会下降。这样，管理者就将面临压力，就必须为改进公司的管理而努力，积极为股东创造价值。

以股东财富最大化作为公司财务管理目标的观点，具有十分广泛的影响，是目前国外理财学和财务管理教科书中的主流观点。虽然它在理论上还存有争议，但股东财富最大化还是为越来越多的人所接受或认同。在实际商业活动中，也有许多大企业以股东财富最大化为自己的追求目标。

强调股东财富最大化，也面临着以下问题。

（1）只适合上市公司，对非上市公司很难适用；只强调股东利益，而忽视了其他利益相关者的利益。

（2）股票价格受多种因素的影响，非上市公司所能控制；实行股票期权激励可能会诱使管理层弄虚作假，千方百计抬高股价。

(3) 受雇的经营者可能因自身的利益而背离股东财富最大化的目标。

(4) 股东能够通过剥夺贷款人和其他权益所有者的财产增加自己的财富。

(5) 强调股东财富最大化的公司可能为社会制造了大量的成本（负的外部性），而这些成本却无法在公司的财务报表中反映出来。

（三）企业价值最大化

企业价值最大化，又称公司价值最大化，是股东财富最大化的进一步演化。所谓公司价值是指公司全部资产的市场价值。这里的企业价值有别于股东财富。股东财富是指所有者权益的价值。

所谓企业价值最大化，是指通过经营者的经营管理，采用最优的财务政策（如资本结构决策和股利政策等），在考虑货币时间价值和风险的情况下，不断增加企业的财富，使企业的总价值达到最大。以企业价值最大化为财务管理的目标，其优点与股东财富最大化相类似，其基本估价思想也一致。

现代企业经营管理实践中，存在众多的企业"利益相关者"，那些受企业行为影响或可影响企业行为的任何个人、群体和组织，都是企业的利益相关者，包括顾客、供应商、竞争对手、政府、所有者、债权人、企业员工、社区等。企业与利益相关者的关系是客观存在的，没有这种关系，企业也就不复存在了。现代企业理论中的利益相关者理论认为，公司的目标不是追求股东价值最大化，而是满足各利益相关者的不同需求和利益。因此，企业的目标应该是追求企业的内在价值和长期价值。企业价值最大化目标，不仅考虑了股东的利益，还考虑了债权人、经理层、企业员工等利益主体的利益。

以企业价值最大化为目标的最大困难，就是企业价值的估价方法问题。目前理论上常用的价值评估方法有现金流量贴现法、超常收益贴现法、基于价格乘数的估计方法等。但对于用什么方法、折现因子和估价时期如何确定等问题，都还没有一个统一的标准或结论。

（四）其他目标与企业的社会责任

(1) 其他目标。企业的财务管理目标，除了上述三个最大化目标外，还有不少其他提法，如经济效益最大化、市场份额最大化、产量最大化、收入最大化、社会利益最大化、就业最大化、权益资本收益率最大化、成本最小化等。

在这些其他目标中，有的目标是股东财富最大化或企业价值最大化的中间目标（如市场份额最大化、产量最大化、收入最大化），而不是终极目标，中间目标与终极目标，有时一致，有时不一致；有的目标是政府企业或非营利组织的目标，如社会利益最大化、就业最大化等，但这些目标可能缺乏经济效率，因为当稀缺的资源用于竞争性用途时，可能导致资源的错误配置；有的目标只是我国学者根据我国企业实际，针对上述三个目标的缺欠而提出的，不具有普遍意义。

（2）企业的社会责任。在探讨企业的管理目标时，企业如何处理与利益相关者的关系，是一个无法回避的问题。

在企业经营中，存在着与人性假设同等重要的假设：企业经营道德性假设。它是企业及其管理者持有的关于企业经营与伦理道德关系的假设，或者说是关于有效地处理企业与利益相关者关系的假设。其基本特征是道德经营以社会为前提：企业通过对社会做出贡献的方式谋求自身利益的最大化，企业在满足所有者利益的同时，还要考虑其他利益相关者的利益。企业经营活动与社会的伦理规范有关，可以用社会的伦理规范来评价企业的经营活动；法律是最低限度的道德标准，企业应当按照高于法律要求的伦理规范从事经营活动。

支持企业道德经营假设的观点认为：企业是社会的一分子，是社会资源的受托管理者。同时，企业也使用、消耗大量的社会资源，如社会为企业提供了必不可少的法律及监管环境、公平竞争的市场环境、良好的公共基础设施、环境保护、经营管理所需要的各类人才等。因而，企业在谋求自身利益的同时，应该为增加社会福利做出贡献。而且，企业对社会有巨大的影响力，根据权责一致的原则，企业必须承担与此相称的社会责任。

企业与利益相关者存在休戚与共的关系，只有考虑了利益相关者的利益，企业的利益才可能得到保障。由于存在着市场失灵（不完全竞争、外部性、信息不对称），所有者利益最大化不一定能给社会带来最大的好处，而可能带来较大的负外部性（社会成本）。法律是人们必须共同遵守的最低行为规范，法律只规定什么是不应该做的，而没有指明什么是应该的、受鼓励的。社会是不断发展变化的，法律往往滞后于现实，仅仅守法不太可能激发员工的责任感、使命感，不太可能赢得顾客、供货商、政府、社区、社会公众的信赖和支持，也就不太可能取得卓越的发展。

股东财富或公司价值最大化并不意味着管理者可以忽视公司的社会责任，如保护消费者权益、向雇员支付薪金、保持公正的雇佣和安全的工作环境、支持职工教育、保护环境等。所以，公司必须承担社会责任，下至股东的财富、上至公司的生存都依赖于此。

强调企业的社会责任并在此基础上追求企业的利益最大化，是许多经济学家和管理学家所持的共同观点，也是现实中许多著名的大公司奉行的理念之一。

第二节 互联网下的企业财务经营环境

"互联网+"如今已成为一个热词、一种流行现象。然而我们不应仅仅追求表面的繁荣和热闹，就如同大可不必犯上"互联网焦虑症"一样，而应当对"互联网+"进行深刻认识、冷静思考。身处互联网大环境中，就要知道"互联网+"对人们的生存状态产生的巨大影响，"互联网+"让经济形态发生了翻天覆地变化。

商业的本质不会发生变化，"互联网+"更像是催化剂。产业价值链的各个环节，以及企业经营各个层面都有可能被互联网改变。

一、互联网使人们的生活方式出现崭新的形式

互联网是人类社会有史以来第一个全球性论坛组织形式，世界各地数以亿计的人们可以利用互联网进行信息交流和资源共享。电脑网络切入人们的私人生活和公共生活领域，使人们的生活方式出现了崭新的形式，包括新的购物方式、阅读方式、学习方式、工作方式等。

二、互联网让不同领域的学科边界变得模糊

工业革命的社会化大生产通过细致分工，让人成为流水线上的螺丝钉，这需要的是专家式人才。信息借助在互联网之前所未有的广度和深度流动起来，行业壁垒在信息洪流冲击之下无比脆弱，行业融合、领域交互成为新趋势，过去小范围（如家庭、组织内部）的知识传递，变成了现在无国界的网络社交互动。不同思想的交流碰撞，在学科边缘、行业边界之上不断地

摩擦出创新的火花。未来随着互联网普及将涌现出越来越多的"跨界人"。

三、社会结构依据兴趣组合，沟通更加平等

互联网促进了社会利益结构多元化的发展，改变了原有的社会分层结构，导致社会群体的关系更加复杂。传统社会结构中各社会要素垂直的结构形态发生了变化，网络社会结构不再以传统意义上的社会结构形态进行分层，而是重新依据兴趣、爱好等方式进行重组。

四、互联网重构价值观念和行为模式

互联网作为一个信息流动的平台，逐渐形成了它特有的文化属性。互联网作为人们长期浸淫其中的虚拟社会，形成了独有的网络伦理文化特征，具有虚拟性、匿名性、快捷性、开放性等特点。互联网提供的资源在空间上重塑了人们的活动场所，在很大程度上改变了人们的生活方式和行为模式。

五、"互联网+"时代中产业互联网的痛点

从消费互联网时代的眼球经济到产业互联网时代的价值经济，无论最后采取什么样的商业工具和商业模式，最重要的问题还是能否提供更好的品质、性价比和服务体验。就目前发展而言，我国的产业互联网还存在着以下痛点，而痛点之处就是最好的商业机会所在。

（1）互联网基础设施建设相对滞后，急需完善和提升。"互联网+"应该先建好基础设施，包括网络基础设施、数据基础设施和标准接口的基础设施。

网络基础设施的建设，主要就是网络的进一步普及和网速的提高。我国的宽带网络速度与发达国家相比还非常落后，应当进行提升。此外，跟中国社会的二元结构相似，中国的互联网也呈现出巨大的城乡差，据中国互联网络信息中心发布的《2013年中国农村互联网发展状况调查报告》，城镇网民数量占比达到72.4%，而农村网民仅占27.6%。农村网络基础设施亟待改进与提升。

数据基础设施的建设要求政府加大对互联网数据资产的重视程度与管理力度，应适度合理开放，条件成熟时可设立数据资产交易所机制，促进数据资产的交易。

互联网标准接口的基础设施之重要性在于让大家研发的产品能互相兼容,相互适配。因此,应建立统一的标准,促进开放与协作。

我国在基础设施建设方面投入巨资,这在拉动我国经济增长的同时,也对改善我国投资环境起到巨大的促进作用,但是在互联网基础设施投入方面仍然不够重视,今后应加大该方面的投入。

(2) 信息安全和支付安全问题急需解决。互联网的连接与聚合能力提升,对人类社会的影响巨大,但是硬件、互联网等各个方面存在的安全隐患也与日俱增。网络安全主要集中在信息的安全与网络支付安全两大方面。这些问题如果不能够得到解决,一方面会对互联网造成巨大的破坏,另一方面也会影响用户对互联网的信任。

第三节 互联网网络财务管理系统构建

互联网时代下,财务管理系统的构建也越来越重要,它关系到企业经营的各个重大事项。

一、网络财务的信息理论基础

(一) 事项法(事项会计理论)是网络财务的信息理论基础

事项法(事项会计理论)是在否定价值法理论的基础上提出的一种会计理论研究方法。事项法也叫使用者需要法,是指按照具体的经济事项来报告企业的经济活动,并以此为基础重新构建财务会计的确认、计量和报告的理论与方法。事项法是美国会计学会基本理论委员会成员、美国会计学家George. H. Sorter 在 20 世纪 60 年代提出的。他在 1969 年发表了《构建基本会计理论的"事项法"》一文,全面阐述了以事项法为基础所形成的基本会计理论。Sorter 认为现有的会计核算模式是一种价值法,其目的在于确认资本的最佳收益,故需对原始数据进行一系列的分类、汇总、确认和计量。事项法的核心就是将事项作为会计分类的最小单元,在日常核算中仅仅对各项交易活动的事项进行存储和传递,而不进行会计处理。会计信息的使用者根据各自的需要,对事项信息进行必要的积累、分配和价值计量,最终将事项信息转化为适应使用者决策模型需要的各种会计信息。

（二）事项驱动会计与传统会计的区别

事项驱动会计与传统会计的真正区别在于提供的会计信息的汇总与处理程度不同，执行这些汇总、处理和评价的人选也不同。价值法对事项信息的加工是由会计人员根据会计准则或制度进行的，最后呈报的是经过汇总的财务报告；而事项法将信息的加工程序留给信息使用者，呈报的是对原始事项数据简单加总的事项数据报告。

另一个差异在于两者对经济事项有不同的定义。在价值法中，经济事项必须是能够用货币计量的交易事项；在事项法中，经济事项不仅包括交易事项，还包括不用或不能用货币进行计量的经济事项，如人力资源、团队精神、社会责任等。

二、网络财务的体系架构

（一）网络财务信息系统

1. 网络财务信息使用者的需求

在网络环境下，信息使用者对会计信息提出了新的需求。网络财务系统应能满足信息使用者的以下需求。

第一，实时性。系统能根据信息使用者的要求实时披露财务信息。

第二，多样性。财务信息系统在内容上应能提供使用者想知道的财务的和非财务的、定量的和定性的各种信息；在计量属性上，应从单一的历史成本计量属性到历史成本、现行成本、可变现净值等多重计量属性并存；在列表形式上，应从单一信息媒体到文、图、音、像等多种信息媒体并存。

第三，可定制性。系统可以根据信息使用者的要求，从不同的角度提供个性化的财务信息。

第四，共享性。通过网络获取财务信息，可使得财务信息的再利用更加方便，可提高信息利用效率，减少信息不对称性。

2. 网络财务信息系统的构成及主要特点

网络财务信息系统是一个人机结合的系统，不仅需要计算机硬件、软件、网络通信设备的支持，而且需要人在一定的规程下充分利用它们进行各项操作。因此，网络财务信息系统的主要构成要素包括硬件、软件、人员、数据和规程。

网络财务信息系统根据其功能可分为三个层次,即会计核算系统、财务管理信息系统和财务决策信息系统。我国目前应用的财务软件大都处于会计核算系统这个层次。

网络财务信息系统的主要特点如下。

(1) 与现代信息技术的高度融合。它按信息处理的要求,充分利用现代信息技术,对企业的会计工作流程、方式和方法进行了重新构建,以适应企业瞬息万变的管理要求。

(2) 与业务管理系统的高度协同。包括与企业内部的协同、与供应链的协同、与社会相关部门的协同,如网上银行、网上保险、网上报税等。

(3) 高效率的集中式管理。互联网的出现,使集中式管理成为可能。

(4) 高度实时化的动态核算系统。传统会计是一个静态的、事后反映型的核算系统。而网络财务的发展将改变这一历史,变传统的事后静态核算为高度实时化的动态核算。

(5) 强大的远程处理能力。网络财务软件从设计到开发应用都定位在网络环境的基础上,使得跨地区、跨国界的财务核算、审计、管理和贸易成为可能。同时,网络化管理将使企业的各种财务信息得到快速便捷的反映,最终实现财务信息的动态实时处理和财务的集中式管理,进行便捷的远程报账、远程报表、远程查询和审计。

(二) 网络财务报告

1. 网络财务报告的内涵及层次

网络财务报告的内涵因环境的变迁、网络技术的发展而不断发展。在现有技术条件下,网络财务报告是指企业通过网络披露企业各项经营业务与财务信息,并将反映企业各种生产经营活动和事项的财务报告存储在可供使用者随时查阅的数据库中,供使用者查询企业的财务状况、经营成果、现金流量及其他重要事项。

网络财务报告分为以下三个类型。

(1) 在线财务报告。在线财务报告是指企业在国际互联网上设置网站,向信息使用者提供定期更新的财务报告。

(2) 实时财务报告。它指整个会计循环通过网络自动完成,从原始数据的录入到数据处理再到生成财务报告。在这一阶段,用户可随时获得实时报告信息。

（3）按需定制的财务报告。这是网络财务报告的高级阶段，指以披露通用目的财务报告为基准，进一步披露企业经过编码的经济事项源数据。可根据用户的选择自动定制用户所需的财务报告。随着 XBRL 分类体系构建完毕，经过测试并广泛投入使用，定制报告模式也成了现实。

2. 网络财务报告的新模式——XBRL

XBRL 是可扩展财务报告语言（Extensible Business Reporting Language）的缩写，是一种基于可扩展标记语言（XML）框架，专门为公司编制和发布网络财务报告而开发出来的语言。有了 XBRL 就能够实现按需定制的目标，也能整合财务信息供应链上各方的利益。微软是第一家以 XBRL 格式进行财务报告的高科技公司，使用者可以使用 XBRL 在线数据库进行数据分析。目前，我国深圳证券交易所和上海证券交易所已经开始使用 XBRL 格式进行财务报告的编制。在两大证券交易所网站上，信息使用者都可以直接获取多样化的财务报告，可以进行财务指标分析、数据查询、财务信息分析，从而满足使用者多样化的需求，对其进行正确决策起到很大的帮助。

基于 XBRL 的网络财务报告具有如下特点。

（1）无须改变现存的会计规则，也无须公司额外披露超出现有会计规则要求的信息，只是改进了编制、分析与发布企业报告信息的流程。

（2）以标准化的标记来描述和识别每个财务信息项目，即为每个财务项目定义标记（tags），使财务报告的编报标准趋向统一。

（3）可以编制、发送各种不同格式的财务信息，交换与分析财务报表中所含的信息。

（4）允许使用者跨系统平台传递和分析信息，减少信息重新输入的次数。

3. XBRL 网络财务报告的信息披露

XBRL 根据财务信息披露规则，将财务报告内容分解成不同的数据元，再根据信息技术规则给数据元赋予唯一的数据标记，从而形成了标准化规范。以这种语言为基础，通过对网络财务报告信息的标准化处理，可以将网络财务报告中不能自动读取的信息转换为一种可以自动读取的信息，大大方便了对信息的批量需求和批量利用。

XBRL 网络财务报告的信息披露包括以下几个层次。

第一层次，主要是对传统会计报表内容进行披露，包括资产负债表、损益表、现金流量表及其附注。

第二层次，对其他财务报告进行披露。如设立专用报告专区，针对不同的使用者或使用者集团进行披露。考虑到不同类型使用者之间的信息差别，应有选择地和有重点地针对特定使用者披露特殊信息，提供内容（或时间）上有差别的报告。

第三层次，对一些在传统会计报表基础上扩展出来的信息进行披露。如对在企业的生存与发展中举足轻重的智力资源信息或类似的知识资本进行披露；对不符合传统会计要素定义与确认的标准且不具有实物形态的衍生金融工具信息进行披露。

第四层次，报告一些非财务信息。非财务信息是指诸如企业背景、企业关联方信息、企业主要股东、债权人及企业管理人员配备的信息。为了增加企业信息的透明度、增加受托责任与诚信度，还要对具体的公司信息进行披露，如战略、计划、风险管理、薪酬政策等信息。

第五层次，主要是指对以多媒体技术在公司网站上提供股东大会、董事会或其他重要会议的现场纪实的录像或录音等信息的披露。在网站上进行多层次信息的披露，除了应提供当年的信息数据外，为了满足信息使用者的需要，还可以提供历史数据，其内容也以多层次的信息模式为依据。

XBRL作为财务信息处理的最新技术，增加了公司财务报告披露的透明度，同时极大地提高了财务报告信息处理的效率和能力。它的应用必将会给我国财务报告的披露带来历史性的变革，成为企业财务报告的发展趋势。

（三）网络财务成本控制

网络财务软件在成本数据归集方面，设计了全面的数据自动源，可以提供成本分析、成本核算、成本预测的服务，满足会计核算的事前预测、事后核算分析的需要，还可以分别从总账、工资、固定资产、成本系统中取得各种成本费用数据。

成本管理模块可以从存货核算、工资管理、固定资产管理和总账中自动提取成本数据，每个成本的期间数据都会同步自动产生。在成本计划方面，可以编制全面的成本计划，待成本核算工作结束后，针对此计划的成本差异分析结果就会自动产生。在成本预测及分析方面，可以做出部门成本预测和产品成本预测。

(四) 网络财务安全

网络系统的安全是网络财务发展的前提。网络财务使原来的单一会计电算化系统变成一个开放的系统，而会计业务的特点又要求其中的许多数据对外保密，因此，信息安全就成为网络财务中备受用户关注的问题。由于财务涉及资金和公司机密，任何一点漏洞都可能导致大量资金流失，所以应对其传递手段和储存工具严格要求，要从技术和法律上为它创造一个安全的环境，抵抗来自系统内外的各种干扰和威胁。

在技术上，应加强对网上输入、输出和传输信息的合法性、正确性控制，在企业内部网与外部公共网之间建立防火墙，并对外部访问实行多层认证；在网络系统中积极采用反病毒技术，在系统的运行与维护过程中高度重视计算机病毒的防范，采取相应的技术手段与措施；及时做好备份工作，备份是防止网络财务系统意外事故最基本、最有效的手段，包括硬件备份、系统备份、财务软件系统备份和数据备份四个层次。发展适合网络财务的新技术是网络财务发展的基础。

在法律上，应建立电子商务法律法规，规范网上交易、支付、核算行为，并制定网络财务准则。此外，还必须有第三方对安全进行确认，即建立网络安全审计制度，由专家对安全性做出相应评价。

(五) 网络审计

财务信息存储的电子化、网络化，财会组织部门的扁平化，内部控制形式的变化等使得对审计线索、审计技术、审计方法、审计手段、审计标准的规定和对审计人员的知识结构、技能的要求发生了重大的变化。网络审计将成为在网络财务环境下进行审计工作的必然趋势。网络审计面对的企业内部环境是集成化的信息系统，它的合理性、有效性、安全程度直接影响到审计工作的质量和效率，如硬件设备的稳定性、兼容性、软件本身质量的高低及对企业实际情况的适应性等。而这些又受技术和人为的诸多因素影响，即审计环境中的不定因素增加了，从而增加了审计的风险。

利用网络通信系统，建立网络化的审计机制，可实现账簿文件的在线式随机审计，即管理层或审计机构可以通过网上授权，提取被审单位的会计信息，审计经营单位财务数据的真实性和有效性。这种机制对各经营单位产生了严格的制约作用，可更加有效地防范经营单位弄虚作假、推迟做账等手段。实现联机方式下的在线式的随机审计，可加强监管力度，减少审计过程中人为因素的干扰，而且审计的时点可由审计人员随机决定，无须事先通知被审单位，这大大降低了监管成本。网络审计现在还处于起步阶段，对许多问题（如财务数据结构的不统一等）尚无很好的解决办法，但毋庸置疑，网络审计是未来的发展方向。

（六）网络财务的实施

1. 网络财务的实施方案

网络财务的实施，一般来说有以下两个步骤。

（1）应根据自身的实际情况进行需求分析，确定到底要利用网络财务系统完成哪些工作。

（2）根据企业需求进行网络方案设计。目前常用的高速网络技术有快速以太网、FDDI 分布式光纤数据接口、ATM 异步传输模式、千兆位以太网。网络财务还是一个新兴的领域，其实现没有固定的模式，故要依据企业的不同情况"量体裁衣"。

2. 网络财务的实施途径

网络财务一般通过网络财务软件和网上理财服务两种途径来实现。

网络财务软件是指基于网络计算技术，以整合实现电子商务为目标，能够提供互联网环境下的财务管理模式、财会工作方式及其各项功能的财务管理软件系统。

网上理财服务是指具备数据安全保密机制，以专营网站方式在网上提供的专业理财服务。网上理财服务的具体体现是网上自助式软件的应用，它是 ASP（Active Sever Page）活动服务主页的一种重要服务方式。

3. 网络财务发展的法律基础

除了技术基础，一些相关法规的制定也为网络财务的诞生和发展提供了广阔的空间。财政部颁发的《会计电算化工作规范》中明确指出：有一定硬件基础和技术力量的单位，都要充分利用现有的计算机设备建立计算机网络，做到信息资源共享和会计数据实时处理。新《会计法》中增加了建立网上销售核算内部控制制度的规定，这样就使网络财务模式的建立更有法可依。有了法律的明文规定，网络财务的安全和权限问题将得到大幅度改善。此外，新《会计法》对各行业和各地域会计制度进行了统一。但对于跨地域的大型企业来说，不同地域会计准则是否一致，将成为网络财务能否发挥极大威力的关键因素。网络财务是个新生事物，针对如何具体在网络财务的程序和方法上操作、如何实施内部控制、如何提供财务报告、怎样保障财务信息真实性等一系列问题，还没有相应的法规予以规范，理论界和实业界也都处于探索阶段。

综上所述，网络财务是对财务管理的延伸发展，是一门新兴学科，对传统财务管理提出了世纪性的挑战，是推动我国经济发展的强劲动力。

三、网络财务系统

财务信息的处理依靠财务系统完成，而财务系统的特定目标和功能的实现要靠一定的会计数据处理技术的运用。随着科学技术的进步，特别是计算机的出现，会计数据处理技术不断发展变化，经历了从手工处理到机械处理再到计算机处理的发展过程，因而财务系统也随之经历了从手工财务系统到机械化财务系统再到电算化财务系统的发展过程。

所谓电算化财务系统就是指以计算机为主的当代电子信息处理技术为基础，充分利用电子计算机能快速、准确地处理数据的特性，用计算机代替手工进行会计数据处理并部分代替人脑运用财务信息进行分析、预测和决策等的财务信息系统。

20世纪70年代末，我国财会工作者将计算机应用于会计工作，并由此提出了"会计电算化"这一具有中国特色的会计术语，其实质就是电算化财务系统。需要指出的是，当时的电算化财务系统仅仅只是将人、纸质凭证、算盘等构成手工财务系统的要素改变成了人、磁介质数据、计算机等，仅仅只是用计算机代替了人脑的计算、储存，并没有突破财务部门内部的范围，没有实现与其他部门及企业的连接，还是一种封闭式的工作方式，信息孤岛问题较为突出。从20世纪90年代开始，一方面，计算机技术从单机逐渐向局域网及互联网方向发展；另一方面，企业已不再满足于电算化核算，而是希望进一步实现财务控制、管理和决策支持的计算机化，网络财务系统也就应运而生了。

网络财务系统是电算化财务系统的进一步发展，是基于电子商务背景，以网络计算技术为依托，集成先进管理思想和理念，以人为主导，充分利用计算机硬件、软件、网络基础设施和设备，进行经济业务数据的收集、传输、加工、存储、更新和维护，全面实现各项会计核算及财务管理职能的计算机系统。一方面，网络财务系统对外可安全、高效、便捷地实现电子货币支付、电子转账计算和与之相关的财务业务电子化，对内可有效地实施网络财务监控和管理系统。另一方面，网络财务系统是一个可对物流、资金流和信息流进行集成化管理的大型应用软件系统。

网络财务系统是一个人机系统，它不但需要硬件设备和软件的支持，还需要人按照一定的规程对数据进行各种操作。网络财务系统的构成要素与电算化财务系统相同，包括硬件、软件、人员、数据和规程，只是在具体内容上更为丰富，如下所示。

1. 硬件

网络财务系统主要由服务器、工作站、移动终端及其他办公设备通过网络通信设备联网组成。

2. 软件

网络财务系统的硬件要发挥作用，必须有一套与硬件设备匹配的软件支持。网络财务系统的软件包括系统软件和应用软件。系统软件是指管理、监控和维护计算机资源的软件，包括操作系统软件、通信软件、数据库管理软件和系统实用软件等。应用软件是指为了解决用户的实际问题而设计的软件，如通用网络财务软件和专用网络财务软件。

3. 人员

网络财务系统的核心人员包括两类：一类是系统开发人员，包括系统分析员、系统设计员、系统编程和测试人员等；另一类是系统的使用人员，包括系统管理员、系统维护人员及系统操作人员等。除此之外，向系统提供信息的各种人员，如供应商、客户、政府主管部门人员及分析师等也是网络财务系统不可缺少的运行要素。

4. 数据

网络财务系统的数据来自企业内、外部的多个渠道，包括：外部环境数据，如宏观经济数据、消费者偏好数据等；外部交易数据，即企业与其他企业或个人发生的经济业务，如采购业务和销售业务；内部业务数据，如发放工资、产成品入库等；会计核算数据，如往来业务核算、成本核算、期间费用核算等。

5. 规程

网络财务系统的规程包括两大类：一类是政府的法令、条例等；另一类是维持系统正常运转所必需的各项规章制度，如岗位责任制度、操作管理制度、软硬件维护制度、安全保密制度等。

第二章 互联网时代下财务管理的现状及创新意义

互联网时代给全世界带来了翻天覆地的变化，也给世界经济发展带来了机遇和挑战。科技的发展不断地影响着企业模式、组织结构、管理模式、管理思想，财务管理作为企业管理的重要领域，其面临的内外环境更是日新月异，财务管理只有不断创新才能适应新时代的市场需求。

第一节 互联网时代下财务管理的现状

一、企业财务管理意识不足

互联网的迅速发展带动了各产业的转型与升级，传统的财务管理模式存在的缺陷也更加明显。企业要想在激烈的互联网竞争中生存，就需要对财务管理模式创新求变，发挥互联网在财务管理中的作用，使企业顺应时代的变化并且促进自身发展。然而，目前很多企业对互联网的认识与学习还不足，对互联网在企业财务管理中的重要程度还不重视，缺乏互联网财务管理理念，因此，互联网在财务管理中的作用并没有发挥出来，这也阻碍了企业财务管理的创新。

二、财务管理信息化程度不高

互联网时代给企业的经营管理带来了许多的便利，为企业提供了大量的信息和数据，促进了企业财务管理的创新与改革。企业传统的财务数据统计方法难以适用于互联网大数据的发展，企业不健全的财务管理结构将会影响企业信息的实用性并且阻碍企业的发展，因此，企业需要完善财务信息管理系统，加强财务人员的主动性，提高财务管理工作效率。但是，企业建立财务信息管理系统需要投入许多财力和精力，很多企业囿于经济能力不能建立该系统，只能选择传统的财务管理模式，所以在互联网时代我国财务管理信息化系统仍不完善。

三、财务管理目标比较简单

企业在互联网时代想要更快地发展，就要对财务管理制度进行改革和创新，财务管理制度改进的基础是企业财务管理的目标。企业传统财务管理模式的目标较为单一，只对资金、成本、资产等模块进行管理，企业财务管理的功能受到了限制，财务管理组织结构也无法进行创新，不能顺应时代的发展，无法满足企业的需求。在互联网时代，企业管理人员必须扩充企业财务管理的内容，拓宽财务管理的深度和广度，不断增加企业财务管理的目标，促进企业财务管理的改革和创新。

四、缺少综合型财务管理人才

企业财务人才的素养直接影响着企业的综合实力和发展潜力。互联网时代对企业财务管理人员的水平提出了更高的要求。在"互联网时代"，企业财务管理制度进行了变革，财务人员的管理理念进行了创新，工作方式也发生了变化，从烦琐的记账和核算工作变成了信息化、流程化的会计记账系统。财务管理模式的巨大变化需要财务人员及时地去适应，并且不断地学习来加强自己的能力。财务人员不仅要有较高的财务管理能力，还要掌握互联网信息技术，将传统财务管理模式真正改革为互联网财务管理模式。然而目前很多企业缺少综合型财务管理人才，这为企业财务管理模式的转型与升级带来了困难，制约了企业财务管理的发展。

五、财务风险控制体系存在缺陷

企业在各个阶段都要重视并且提高财务风险的防控能力，在互联网时代，企业的财务信息具有及时性、多样性、公开性、共享性的特征，财务管理的内容在不断拓宽，其增加的主要内容就是虚拟经济。互联网给企业财务工作带来便利的同时，引发了一些新的财务管理风险。网络病毒和黑客的攻击都给企业财务安全造成了巨大的威胁，如财务管理人员系统账号安全、企业财务数据安全和企业信息传送安全等。一旦企业这些重要的财务数据被泄露，企业的商业机密也会暴露，将造成难以估计的损失。虽然互联网技术不断提升，互联网安全保障措施不断更新完善，但是企业在互联网安全防护工作的投入精力不足，互联网财务管理风险防控体系也仍存在缺陷。

第二节 互联网时代下企业财务管理创新的意义

一、公司加速发展顺应时代变化的需要

公司要想提高自身发展水平，在众多竞争者中脱颖而出，必须紧跟时代的步伐。市场环境日新月异，如果财务管理模式一成不变，不进行创新，从事财务管理的工作人员的工作技能就不会得到提升，新的财务管理技术也无法为企业的工作服务。这不仅会使财务管理工作人员自身的工作效率低于企业其他部门，也会影响该管理部门整体的管理效率。企业财务管理工作要与时代发展相适应，找到适合自身的发展道路，只有认清当前发展形势，才能最大程度发挥企业财务管理创新优势，完成资源供给和资金协调的工作任务。

二、利用互联网提高企业财务管理水平的需要

互联网时代出现了很多创新性工具，财务管理工作者可以利用这些工具来分析财务的来源等财务管理问题。管理者如果在互联网的时代背景下正确利用这些创新性工具，财务管理工作的效率和准确度就能迈上一个大台阶。管理者若想参与财务管理工作，就要与时俱进，不断学习新的财务管理方法和创新技术。在互联网时代大背景下，财务管理人员只有掌握并熟练运用相应的会计、财务管理处理软件以及财务管理其他方面的创新性工具，才能做好会计的集中核算以及财务成本的具体控制工作，为财务决策提供正确的依据。只有先做好上述工作才能使财务管理与其他管理层直接接触，加快企业其他工作环节的资金周转速度，使资金周转更加方便。这样，财务管理才能成为企业管理者的左膀右臂，为企业管理者提供决策依据，推动公司整体的发展。

三、当今互联网时代信息的需要

当今时代的信息传递速度极快,因此客观上财务管理任何环节的工作人员都有条件迅速完成信息的传递工作。如果能提高财务工作人员的运算速度,再对财务管理人员进行专业知识培训,使其能在短时间内完成工作任务,并将工作任务中所包含的数据快速传递到其他环节,就能加快财务管理工作的运行速度,使信息快速传递。在互联网大背景下,财务管理人员直接用计算机对会计数据进行计算,大大提高了财务管理工作的效率,实现了互联网快速办公。

第三节 互联网时代下财务管理创新及理念创新

一、互联网时代下财务管理创新

互联网给全世界带来了翻天覆地的变化,也给世界经济发展带来了机遇和挑战。科技的发展不断地影响着企业模式、组织结构、管理模式、管理思想,财务管理作为企业管理的重要领域,其面临的内外环境更是日新月异,财务管理需要不断创新才能适应新时代的市场需求。

观念决定思路,思路决定出路。企业制定财务管理战略思想和实践财务活动的指导思想关键是财务管理观念。思想观念决定着企业的战略定位,财务管理观念决定着财务管理目标、管理内容、工作质量、管理绩效,直接决定着企业的经济效益,关系到企业的发展壮大。所以面对互联网时代下的财务管理环境,企业的财务管理观念创新非常关键。互联网时代下财务管理观念创新有以下几个方面。

(一)承担的责任观念

当今社会,许多企业为了眼前利益,短视盲目地逃避责任,缺乏担当。在企业外部,企业社会责任担当缺失。社会和经济高速发展,企业承担的责任与经济发展却不匹配。有些企业为了追逐利益最大化,不惜破坏环境,为了减少排污成本,直接偷排污染物到用于居民饮水的江河里,牺牲整个社会的利益,严重损害子孙后代的生存环境。互联网时代,企业社会责任缺失不仅仅是企业自身的问题，更会阻碍整个社会的健康发展。在企业内部，大股东侵害中小股东利益。随着公司注册制的实施，国家提出"大众创业、万众创新"战略，企业如雨后春笋，但股东之间的纠纷越来越多，大股东侵犯小股东的情形越来越多。因为公司中大股东掌控着公司资源，具有强势地位，小股东很难通过协商撼动大股东。大股东侵犯中小股东的权益，虽然手段多样，但究其本质，一方面是大股东虚假出资、操纵利润分配、关联交易、侵吞公司和其他股东的财产、利用法人治理结构不规范侵害中小股东的权益、利用关联企业转移公司资产。另一方面是大股东滥用表决权；为中小股东出席股东大会设置不合理的条件；任意罢免或者阻挠中小股东担任高管职务；任意决策和实施公司的重大事项；通过关联交易增加大股东的收益，减少大股东的风险和损失。

另外，中小股东的利益也可能受到公司管理层的侵害，主要表现为故意拖延或者拒发股利；不合理向董事或者控股股东担任的高管支付高额报酬和福利；用公司的财产为控股股东提供优惠贷款或者高价租其财产；向中小股东隐瞒企业的相关信息等。

这样不仅大大地挫伤了中小股东的投资热情和积极性，严重阻碍了企业的发展，对我国证券市场的资本配置产生了非常不利的影响。

1. 财务管理应更加重视社会责任

企业社会责任与财务管理目标应一致。企业要承担社会责任，不仅对股东负责，还要对产生和支持它的社会负责。企业要以长期发展为目标，在谋求自身发展的同时，必须以不污染环境，不发布虚假广告等道德规范来维护社会的公共利益。在短期看来，这有可能会有损企业一时的利益，但长期来看，承担社会责任有利于企业的长远发展。企业在力所能及的范围内进行社会公益活动相当于广告投入，不仅使企业的社会声誉得到提升，还会吸引优秀人才的加入、减少政府的管制，从而使企业的收益增加；相反，如果企业只追求自身利润、拒绝承担社会责任，就会不可避免地损害公众利益，激化企业与社会公众的矛盾，结果反而损害到企业自身的经营收益，甚至危及企业生存。因此，从长期来看，企业承担社会责任可以使企业的收益增加，从而弥补承担社会责任的负担成本，企业和各利益相关者都从中受益，和谐发展。

2. 完善企业社会责任

第一，完善企业内部责任，保护股东尤其是中小股东的合法权益。在大股东掌握企业信息的情况下要保护中小股东的知情权，以免大股东利用信息差侵害小股东权益。中小股东有权参与企业方针政策的制定和投资计划，要切实保护中小股东在董事会中的表决权，加强对员工社会责任建设，要做到以人为本，高度重视人才，充分调动激励制度。为实现企业的财务管理目标，要在财务管理中广泛地开展自主管理，使财务管理和经营成果的大小密切相关。为此各部门、各层次、所有员工要各尽其职，实现自主管理。同时，股东要把员工看作财务管理的伙伴，让员工参与到财务目标和企业重大决策的制定中来，全员参与企业的治理。

第二，完善企业外部社会责任。企业财务管理目标就是企业财务管理所要到达的目的，是评价财务活动是否合理的标准，决定着企业财务管理的基本方向。现代财务管理理论中最具有代表性的是利益相关者价值最大化。利益相关者就是与企业存在和运营密切相关的股东之外的利益关系，即债权人、职工、消费者、供应商、社区、政府等，为保护其利益应健全债权人机制。银行作为企业最大的债权人，在企业经营不善、资不抵债情况下，可以参与到企业治理中去，了解企业的生产经营情况，积极参与企业的各项决策，使得企业发展朝着健康、有利于自己的方向发展。企业要对供应商负责，要遵守并按合同履行自己的权利和义务，及时支付供应商的款项，不能对供应商打压、苛刻或者提出不合理的要求，要合理维护市场的规律。政府要加强监督和完善消费者市场，要建立规范的信息披露机制，让消费者全面地了解商品的各种信息，让消费者做最好的选择。消费者有权要求企业对产品的质量负责，监督企业产品合格与否。政府还应完善回报社会慈善事业机制，明确规定慈善事业的范围，引导企业积极参与社会公益事业。

(二) 智能化观念

随着互联网的发展，新闻、职场、培训、会议、论坛，几乎你所能接触的所有媒体和社交场合中都出现了"人工智能"这个关键词。这一切大概是从阿尔法围棋软件战胜人类开始的，这个曾经在科幻小说中的概念来到了生活中，不管别人怎么说，自己怎么看，保守也好，创新也罢，总之，智能时代来了，人工智能摆在财务人员面前，已经改变了曾经熟悉的那个财务管理世界。智能化财务架构会发生模式变化,给财务人员带来认知升级,给财务信息化带来技术提升,给财务管理专业领域带来场景创新。

1. 智能时代带来财务组织模式的变革

财务组织一直在前行和演变中,与技术的发展相匹配。智能时代的财务在组织层面从战略、专业、共享、业务四分离阶段进化到外延扩展阶段。在这个阶段,财务组织将具备更多与智能时代特征相匹配的新智能,如大数据、智能共享运营等,财务组织运营从刚性向柔性改变,为业务提供更加丰富和灵活的支持。

在智能时代,财务组织的核心特点是与云计算、大数据、机器学习、区块链等技术进行协同。一方面,智能时代的新技术需要有配套的财务组织进行维护,如负责财务管理和维护的数据运营团队、具备学习算法能力的财务建模团队等;另一方面,财务需要拥有能够运用智能技术的团队,如基于大数据的智能风险控制团队,以及能够运用大数据进行资源配置预测的新型预算团队等。由于智能技术的人才及相关资源还没有普及,财务组织的转变难以一蹴而就。在互联网时代,财务管理创新应当由前瞻性的组织架构变革先行,人员培养获取随后跟进,最终建立新型财务组织。

2. 互联网时代带来财务人员的认知升级

在互联网时代,对于财务来说,变化一直在发生,如吴军博在《智能时代》一书封面所写,"2%的人将控制未来,成为他们或被淘汰"。这并不是危言耸听,财务从纯手工作业到网络化作业的变化也就发生不到二十年的时间内,其间又经历了会计电算化向财务信息化的转变。

未来有三类财务人员会受到巨大的冲击,也必须要面对认知的升级。

第一类是财务高级管理人员,如财务经理或 CFO。他们是整个财务组织和财务团队的灵魂,与业务的连接也最为紧密。在他们的认知框架里,数据和信息化的比重必须显著增加。一方面,一个没有大数据思维和算法思维的管理者将是不合格的,财务人员将无法应用新技术工具帮助企业提升价值;另一方面,作为业务的伙伴,当整个公司的经营都已经被智能化渗透后,如果财务人员还没有这方面的知识储备,将面临不换思想就换人的窘境。财务高级管理者需要深度理解公司战略在智能时代所做出的转变,能够主动在经营分析、资源配置等领域给予业务更好的支持。

第二类是财务经营分析或预算管理人员。他们的传统价值在于驾驭数字，从中找到钩稽关系，为业务部门提供经营分析支持，或者通过预算、考核等手段推动业务提高绩效。但在智能时代，更多经营改进的建议应当是通过人工智能进行大量数据分析后提出的，人工智能通过分析大量的历史数据，从相关性中探寻规律，给出靠人很可能无法发现的绩效改进线索。而在预算管理上，资源配置的基础将由智能分析提供。对于这一类人来说，他们曾经引以为豪的数字加工、数字敏感等能力不再重要。如果要成为有价值的2%，就必须重新构建自身能力，在大数据、机器学习等方面掌握业务建模的能力。

第三类是会计运营人员，包括财务共享服务中心的员工。财务共享服务实现流程的标准化和作业的规模化，将曾经具有技术性的会计核算转变成为流水线作业。这本身也是顺应互联网时代的需要而发生的重要改变。而在互联网时代的后期，这种变化会进一步加剧，共享服务中心的审核作业进一步规则化，甚至由计算机通过机器学习的模式，在学习海量案例后自己形成作业规则。在整个流程运营中，对人员技能需求会进一步下降，会计运营人员有可能退化为信息录入人员，甚至直接被淘汰。而在这个过程中保留下来的2%的人，将是有能力进行规则分析、流程设计和流程优化的少数，在互联网时代，智能化对财务人员认知改变是巨大的，也是残酷的。

3. 互联网智能化带来信息技术的晋级

互联网时代对财务信息技术的影响最直接。在当前阶段，人工智能的核心是大数据和机器学习，云计算是支撑起大数据和机器学习计算能力的基础，由此衍生出的区块链等新兴技术也会对财务管理产生重要影响。

在大数据方面，互联网时代首先要求信息系统提升自身的数据采集和存储能力。大数据需要建立在高度的区链信息系统对接的基础上，财务信息系统将能够获取端对端，更加全面、完整的业务及财务数据，并且能够支持非结构化的数据处理，同时需要引入新的数据存储技术，最终应用于财务管理等过程。在机器学习方面，需要找到合适的机器学习和应用场景，从技术层面简化实现的难度，让未来的财务管理人员有能力参与到机器学习建模的过程中，及早规划并积累可用于机器学习的财务管理场景的数据。但也应警惕，没有数据的机器学习是没有应用价值的。

在云计算方面，一是需要充分利用云计算所形成强大的机器学习算法，以实现技术的可行性；二是让云计算在基础设施服务、软件服务、平台服务等方面给企业财务信息化带来多种价值，如更低的财务信息化建设成本，更为灵活和快捷的应用部署，依托云服务获取市场管理最佳实践等。此外，区块链等技术的出现，有可能在财务一致性方面带来突破，并在跨境交易等领域解决现有财务技术模式下的一些难题。

4. 大数据、云计算与人工智能有效协同，形成有机生态圈

大数据、云计算与人工智能都是在当前智能化风口上受到追捧的热议概念。孤立地看每个概念都有各自独立的理论和技术体系，但是要想更好理解这几个概念，还需认识它们之间的有机联系，协同调用各种信息工具。

大数据是原材料。人工智能，特别是机器学习建立在丰富的大数据基础之上，倘若缺少数据支持，机器学习将成为无源之水，空有算法和模型，不能形成应用的价值产出。因此，大数据的快速发展为人工智能的实现和应用提供了丰富的原材料基础。

云计算是生产能源。云计算就如同生产加工中所使用的电力等基础能源。大数据、人工智能在数据处理时都需要依靠海量的计算能力，云计算就是在这个过程中的计算提供者。不插电的人工智能是无法运转的，而今天云计算应用仅提供了一台家用 PC 所需要的电力。未来还需要充分挖掘云计算的潜力，提供产业级的能源供应能力。

人工智能是生产力。人工智能如同传统的机器取代工人，它将在更多领域取代人工，承担起在人类发展史上再一次提升生产力的重任。而其背后是大数据和云计算在原材料和生产能源上的支持。

以上三个概念的有效协同，形成了一个新的有机生态圈，为我们带来更多的可能。互联网时代，智能化是技术革新的时代，对财务信息化来说，更重要的是保持技术的敏感性，敢于创新，创造更多的可能。互联网时代已然来临，财务管理应该抓住机遇，拥抱时代才是智慧选择。

（三）绿色观念

20 世纪 70 年代以来，人们在探索自然方面取得了辉煌的成就。宏观上人们已经走出地球走向外太空，微观上人们的研究领域已经深入到原子核内部。随着科技的进步，这样的发展似乎可以持续下去，人们的生活会越来越美好。但是传统的发展模式依靠的是不可再生自然资源的消耗。经济发展导致的大气、水、噪声、固体污染等对人类的生存产生了极大的威胁，土地沙漠化严重，原始森林和稀有物种大幅度减少。直到20世纪90年代，在全球兴起了一股绿色思潮，绿色管理思想应运而生。

随着社会的进步和经济的发展，这种绿色管理思想已经慢慢渗透到企业管理的各个方面。财务管理作为企业管理的核心环节，必然也要打破旧的管理模式，引入绿色财务管理观念，在改进中得以全面发展。绿色财务管理是绿色思想在企业微观管理中的具体体现，以可持续发展和环境保护为内涵，其核心理念是企业进行资金运作和资金管理的一种导向、一种观念。

所谓绿色财务管理是将资源的有限性（要充分利用有限的自然资源）、社会的效益性（有利于人类的生存和发展）、环境的保护性（使环境不受破坏，保持生态环境平衡）以及企业的盈利性进行综合考虑的一种财务管理，其目的是在保持和改善生态资源环境的情况下，实现企业价值最大化以及企业与社会的协调发展。绿色财务管理的发生基础是绿色管理，而绿色管理是为了解决企业与社会的生态环境问题，它是从资金运动的角度考虑企业的目标与社会效益及生态环境问题的一种财务管理方式。

1. 绿色观念的现实意义

绿色观念要求企业在实现自己利益的生产活动中不能只顾自己的利益而不顾子孙后代的发展，要科学使用有限的自然资源，使资源的使用率达到最高，同时还要遵守国家的法律法规，自觉保护环境。绿色观念的目的是在保护环境和充分合理使用有限资源的前提下，实现企业的利益最大化。实现财务管理绿色观念的现实意义有以下四项。

第一，财务管理的绿色观念是实现我国经济可持续发展的需要。绿色财务管理要求企业树立环境保护意识和可持续发展观念，防止环境污染，维护生态平衡，树立绿色企业形象。企业不只是一个经济技术系统，更是一个由经济技术系统、自然生态系统、社会环境系统组成的复合系统，因而必须加强企业的社会功能、环保功能和资源永续利用功能。企业在追求自身长盛不衰的发展过程中既要考虑近期的利润和市场的扩大，又要考虑持久的利润增长，并且要建立和维护良好的公共关系，承担社会责任，使经济、社会、资源、环境协调发展，造福子孙后代。把可持续发展理念引入财务管理中来，形成绿色企业与社会的可持续发展，其核心是获得利润、节约资源和保护环境的有机结合。绿色财务管理观念，其实质就是要求企业管理者及企业全体员工，树立环境保护和节约资源的思想，兼顾与企业相关的各利益集团，包括国家、投资者、债权人、关联单位、顾客的利益，折中各方的权利关系，承担社会责任，树立良好的企业形象，以追求企业长久、稳定的发展和企业总价值的不断增加。

第二，绿色观念是企业财务管理实践活动的必然导向。在市场竞争日益激烈、人类进入环保时代的背景下，企业不得不正视环境和资源的压力和困扰。为了在竞争中取胜，必然要在减少环境成本、提高资源利用效率、降低物能消耗等方面进行变革，落实绿色观念，进而推行绿色财务管理。也就是说，企业在资金的筹措、使用、耗费、回收及分配全过程中，融入环境保护和资源可持续利用的理念，在计划、组织、协调、控制等各管理环节重视环境资源成本和环境资源收益，制定绿色财务预算，建立绿色评估和考核体系，加强内部绿色审计，寻求绿色投资机会。自从国际标准化组织 ISO 14000 环境管理系列标准公布及实施以来，世界上越来越多的企业在其成本效益的分析中，把资源耗减成本和环境损失代价考虑进来，越来越重视本企业产品的绿色化和无公害化，注重企业的绿色形象，以打破世界贸易壁垒，在进一步的竞争中居于有利地位。

第三，引入社会责任风险和环境风险的风险价值观念。传统的风险价值观念表明：市场经济是风险经济，投资者冒风险进行投资，预期的投资收益率应包括无风险投资收益率与风险投资收益率两部分。成功的投资者应该在风险与收益的相互协调中进行权衡，努力在风险一定的条件下使收益达到较高的水平，或者在收益一定的条件下使风险维持在较低水平，以期获得满意的收益。传统财务管理中的风险包含经营风险和财务风险两大类，其中的经营风险是指生产经营因素导致的、企业盈利的不确定性，如原材料供应方面的风险、销售方面的风险以及通货膨胀、税收调整、宏观政策变化等方面的风险。财务风险是指由于举债筹资产生的、企业财务成果的不确定性。在传统的财务管理中，对于风险的研究仅仅局限于以上两种风险。而绿色财务管理要求重视环境，树立可持续发展理念，因此绿色财务管理的风险价值观念应进一步引入环境风险和社会责任风险。社会责任风险应该是由于企业不履行社会责任而带来的企业价值或无形资产价值贬值的可能性。在社会日益关注可持续发展的今天，企业应该履行社会责任，即在取得合法收益的同时，必须兼顾各个利益相关者——国家、关联客户、周边社区及整个社会的利益，具体包括：企业的生产经营必须符合国家产业政策要求，遵纪守法，照章纳税，参与社会公益事业；企业的发展必须不断开发与改进新技术、新产品，加强人力资源的培训与开发，增强企业的后劲与再生力；企业的发展应有利于增加新的就业机会，维护社会的稳定；企业生产的产品或提供的劳务必须以满足社会需求为前提，拒绝假冒伪劣、欺诈等损害社会利益行为；企业遵守社会公德，合法经营、公平竞争，提升品牌形象和社会声誉。

第四，财务管理的绿色观念是强化人们环保意识的需要。人们不断地从自然中索取大量的资源，不断地向环境中排放大量的废弃物和污染物。随着经济的不断发展，排放的污染物大量增加，远远超出了环境的承受能力。目前，环境问题已经成为各国普遍关注的问题，这就要求人们在经济发展的历程中必须有环境保护的意识，以便为子孙后代提供一个可持续发展的环境。

2. 实现绿色观念的措施

目前生产领域开始重视绿色管理，有鉴于此，企业的进步和发展，一定不能离开政府部门强有力的领导和管理，这对绿色财务管理具有重大的意义。

第一，政府管理部门应当将关于财务管理上的一些法律条文做出细致分类，同时还应该强化执法的力度，去约束企业在经营中发生的不文明行为和情况。目前政府部门管理的力度是不够的，缺少对企业有效的约束，尤其是对一些和环境保护相关的法律的制定，其在界限方面是比较模糊的。政府必须在法律监管的条件下对一些不法现象作出严肃管理，才可以为推动绿色财务管理持续健康的发展提供法律依据。

第二，政府机构可采用的另一个有效措施，就是在一定程度上给予企业补偿和鼓励，这不仅可以有效带动企业的生产积极性，按照政策智慧大力发展绿色产业，同时还可以稳定整体的生态环境，满足可持续发展的战略目标。具体做法包括：一是通过降低赋税等政策减轻一些企业的经营压力，帮助企业构造发展绿色产业的经营环境；二是在宣传政策上重点引导企业朝着保护环境、节约能源、绿色消费的目标发展，助力企业的经济效益与社会效益达到和谐统一。

第三，企业也要反思、调整行为。一直以来，企业作为社会组成部分为社会提供了重大价值。然而对于现阶段的很多企业来说，一味谋求利益让它们迷失了方向，因此企业要想实施绿色的财务管理，就需要将企业自身经营利益与环境现状相结合。在进行财务管理的同时不断地反思自身行为，是否已经行使相关的权利，履行相应的义务。也正是在这个过程中，企业可以通过加强对自身的财务综合管理，逐渐找到将绿色管理理念融入其中的办法。

第四，社会营造绿色文化。如今越来越多的企业开始追求将绿色理念与企业文化建设相结合，为坚持追求利益与环境的平衡做出积极的改变。对于与财务管理相关的领域而言，企业更需要在处理资金筹集、投放以及在最后的回收过程中对各个环节严格把关，做到主动地与环境理念相结合。与此同时，一些企业单位还可以通过建立一些专门的"绿色机构"来辅佐财务管理相关事宜，这样一来也能够帮助企业更加精准地将自身定位在可持续发展的领域中。构建共同的绿色生态文化环境，不仅需要企业的努力，同时也需要各界人士的支持和帮助。

第五，绿色财务管理要求实行绿色会计。绿色会计，是指以自然环境资源和社会环境资源耗费应如何补偿为中心而展开的会计，主要以价值形式对环境及其变化进行确认、计量、披露、分析以及可持续发展研究，以便为决策者提供环境信息的一种会计理论和方法。首先，新增一些会计科目，使绿色财务管理在应用时对一些要素有案可稽。其次，会计报表以及会计报表分析应该设置一些指标用以考察企业在资源保护、环境改善等方面的成绩以及存在的不足，以使企业能够有针对性地采取措施，加强力度和改进工作。

（四）以人为本观念

以人为本是现代经济组织运转管理的核心理念之一，同样也是财务管理水平提升的关键手段。虽然资本的逐利性一直推动着财务管理工作的进展，但是其弊端也十分明显。财务管理根植于经济理论的土壤，凸显出了技术性和工具性的特征，但财务管理又是一门社会科学，如果脱离现实社会属性、经济环境以及所有制等条件就显得本末倒置了。要实现财务管理目标，必须以科学发展观统领会计工作，树立以人为本的观念。一方面，互联网时代创造企业财富的主要要素由物资资本转向知识及技术资本，企业财务管理不能只盯住物质基础；另一方面，对包括知识和计算资本在内的企业总资产进行市场化运作和管理，这项工作具有很强的专业性、技术性、综合性和超强性，管理有形资产的传统手段很难适用。

互联网时代下，面对行业竞争和风险的加剧及高新技术的迅猛发展，企业要立于不败之地，提高财务管理的水平，可以从三个方面入手，充分体现以人为本的管理思想。

1. 财务管理中的用人机制

人力资源的管理虽然不是财务部门的本职，但因为人才的重要性，人力资源管理也不得不引起财务部门领导的重视，这也是其他财务管理工作的基础。

第一，把好进人关，引进急需的高素质人才。企业必须根据需要制订招聘计划，组织有经验的同志成立领导小组，为企业选聘高素质的人才。招聘过程中要注意三点：①奉行"能力主义"。高素质并不仅是高学历，要能胜任对应工作才行。②重视人才的层次性。既要注重其年龄层次，又要注重其知识层次。③要求人才有良好的协作精神。否则不但不能发挥其个人才能，还会影响团队作用的发挥。

第二，"用育并重"，不断提高经过专业培训的财务人员的理论水平。随着时间的推移，经济的发展，尤其是现代企业制度的不断完善，以及财务管理制度改革的不断深入，原有的理论知识已不能适应现代企业财务管理的实践。缺少培训的财务人员，很可能在表面上胜任原有职务，实际却造成效率、质量下降，给企业造成损失。因而专业理论的培训在现阶段显得尤为重要。

第三，创造多方位实践的机会，努力成为多面手。知识经济时代给予我们一个前所未有、崇尚知识的氛围，同时对知识性人才赋予了全新的含义。全方位、多层次、复合型人才成为时代发展的主流。然而，随着集团化进程的不断加快，一方面，企业对复合型人才的需求呼声越来越高。另一方面，由于岗位专业化要求相对较高，岗位的持久性造成了人才知识拓展的困难，大型企业尤甚。针对这一情况，笔者认为可以从以下几个方面着手。一是专人负责指导，定期进行交流。财务部门选择理论水平高，业务能力强的同志专门负责此项工作。一方面，加强岗位培训，促进财务人员尽早胜任本职工作；另一方面，要督促其定期写出工作总结，为他人提供间接经验。二是建立企业内部财务岗位轮换制度。财务人员在各岗位定期分批进行轮换，有利于调动财务人员的积极性，激发创造性。在具体工作中，建立"一帮一""一带一"的制度，让在原岗位上已驾轻就熟的"老同志"负责指导"新同志"，使其尽早胜任本职工作。三是完善财务委派制度。直属企业财务负责人由母公司委派，有利于加强财务监督，但同时也会引发不少新的矛盾，使被委派的财务负责人陷入两难的境地。因此，必须按照权、责、利相结合的原则，建立、健全一整套完善的管理制度，解决被委派者的现实之困和后顾之忧，以调动广大财务人员的积极性。

第四，加强思想教育。团队精神是企业文化的重要组成部分，它意味着企业人员对部门群体的认同感与归属感；意味着成员与企业同兴衰、共荣辱的自我选择；意味着成员、部门间互相主动进行协作，共同创造团体和谐氛围的自觉意向；意味着成员为企业目标努力奋斗，为企业利益即使牺牲个人利益也在所不惜。如果树立了良好的团队精神，财务人员可能会自觉提高管理水平，变被动行为为自发行为，财务部门与其他部门的互动作用就能实现。

2. 财务制度中的人本主义

第一，财务制度建立中的人本主义是一套规范、科学、严格的财务管理制度，是企业正常运行的前提和保证。它不仅给财务人员提供准确的工作标准，也是财务人员工作的内在动力，还有助于财务人员意识到本职工作的重要性与责任性。以人为本的财务制度制定必须注意。

（1）建立管理制度要坚持民主集中制的原则，广泛听取员工的建议，还要深入实际调查研究，不能闭门造车，脱离实际。

（2）注意反馈信息，要根据实际情况定期修改财务制度，使其更完善和切实可行。

（3）要建立目标责任，使得财务人员有一个比较明确的努力方向。对于财务管理基础差的企业，目标责任的建立显得更加重要。

此外，制度建立后必须要有监督考核制度与之配套，并指定专人负责，奖惩分明。

第二，财务监督机制的人本主义实践措施有如下两项。

（1）实行财务总监制度。子公司财务总监由母公司委派，参与讨论、决策企业重大事项，并对财务报表的质量负主要责任。被委派的财务总监的意见，将作为母公司进行相关决策的重要依据之一。子公司凡需追加投入的资金，必须由财务负责人、财务总监和企业董事长共同签署意见，否则母公司不予拨付。财务总监由母公司组织班子进行考核，每年一次，根据考核结果，决定下一期的任免。为了体现权、责、利相结合的原则，被委派的财务总监，享受母公司的一切待遇，并在母公司原岗位工资的基础上浮动20%，即考核优秀者上浮20%，考核合格者上浮10%，考核不合格者下浮10%~20%，并根据实际情况给予必要的处罚。

（2）重视审计人员的工作，搞好审计监督。坚持有法可依、违法必究的原则，切实做好审计监督工作。一般来说，审计监督有两个层次，即在做好年度审计的基础上，要加强日常审计，特别是专题审计，要做好事前、事中审计，以做到防患于未然。

第三，激励机制的运用以人为中心的管理，强调调动广大员工的劳动积极性。用管理心理学上的术语讲，就是激励。对于一个企业来说，激励机制的建立，有利于充分调动员工的劳动积极性，有效方法如：深化内部用工、人事、分配制度的改革；深化工资制度和社会福利保障制度改革；广泛推行考核制度，促进人才合理流动，增强劳动力供求关系对收入分配的调节功能，实现"全方位"激励策略；对于工作较突出的财务人员要给予适当的物质或精神奖励，包括提供进修的机会；对于优秀的财务人员委于重任，使大家学有榜样，干有方向。

3. 以人为本的组织环境

领导的风格往往决定了组织的环境特征。以人为本的思想要求管理者必须努力创造"知人善用，人尽其才"的用人环境。具体要求是：一方面，要带头学习，掌握一定的财务理论知识，以适应市场经济条件下企业管理工作的需要；另一方面，重视财务工作，尤其要重视财务工作人员的管理。目前企业财务人员的管理水平参差不齐，管理效率难以提高。历史的经验告诉我们：企业领导对财务管理不重视，对财务人员不重视，企业的财务人员管理水平低，企业效益就难以提高。总之，现代企业必须树立"以人为本"的管理思想，用法律规章制度规范财务人员的行为；用企业文化教育财务人员，树立其集体主义、敬业爱岗的精神；用完善的激励机制，创造人尽其才的环境。只有这样，才能充分调动员工的积极性，全面提高财务人员的管理水平，促进企业健康发展。

（五）风险管理观念

在市场经济条件下，企业已成为市场竞争的主体，风险管理问题已成为现代企业能否健康发展的关键，加强对风险的管理已成为互联网现代企业财务管理中一项十分重要的内容。因此，必须将风险管理与财务管理有机结合起来，以风险管理为基础进行财务管理。

随着信息技术不断发展，信息传播、处理和反馈的速度大大加快，企业会受到世界商品市场、要素市场、金融市场等方面的冲击，这使财务风险更趋复杂化,引发了企业风险管理实践的重心转移。当今的企业管理者们深切意识到:需要主动处理有可能威胁到公司的种种不确定因素。因此,必须将风险管理与财务管理有机结合起来,这也是一门新型管理领域,其关键在于,企业财务管理部门在组织、指导财务活动时,通过识别、测试企业资金运作过程中客观存在的风险,采取行之有效的防范控制措施,以最小成本获得最大安全保障,最终实现股东财富最大化的管理目标。

1. 以风险管理为基础的财务管理目标

以风险管理为基础的财务管理的基本目标可定位在"财务成果最大化"和"财务状况最优化"两个方面。企业只有在财务上追求"财务成果最大"和"财务状况最优",才能增强自身抵御风险的能力,在激烈的竞争中生存下去,以谋求长足发展,提高盈利能力。笔者进一步认为,为了实现企业经营的基本目标,"财务成果最大化"应具体表述为"股东财富最大化"。因为按"股东财富最大化"的观点,股东财富以企业在长期健康发展基础上形成的现金流量为计算依据,同时考虑了投资风险程度的大小,无论从涉及的时间长度还是从包含的内容看,都比短期的利润指标具有更大的综合性,能够从更深层次去认识经济效益问题,因而它是风险基础财务管理的最优目标。

2. 以风险管理为基础的财务管理内容

为实现以风险管理为基础的财务管理目标,企业需要采取一系列相互关联的管理程序,这些程序的结合与协调,形成了企业风险基础财务管理的基本环节。这些环节主要包括风险预测、风险决策、风险预防和控制、风险管理效果评价以及风险损益处理,它们共同构成了风险基础管理工作的主要内容。

3. 以风险管理为基础的财务管理的方法和措施

(1) 筹资风险的管理。筹资风险管理的具体目标是在筹资风险和收益之间权衡,去寻求风险与收益的均衡点,以愿意接受的筹资风险去获取最大的每股收益。在综合考察筹资风险、筹资成本(或筹资收益)的基础上,企业所采用的筹资决策的基本方法是:其一,在筹资成本(或筹资收益)相同的情况下,选择筹资风险最小的方案;其二,在筹资风险相同的情况下,选择筹资成本最小(或筹资收益最大)的方案;其三,在筹资风险小但筹资成本大(或筹资收益小)或筹资风险大但筹资成本小(或筹资收益大)的方案中,根据管理当局对待风险的态度和筹资收益效用的大小,选择筹资风险和资金成本相对较小但筹资收益相对较大的方案。针对筹资风险的不同成因，防范与控制筹资风险的措施主要有：其一，提高资金使用效益，降低投资风险；其二，注重筹资杠杆，适度举债，优化资金结构；其三，合理调度资金，维护资产的流动性；其四，建立偿债基金，增强风险自担能力。

（2）投资风险管理。企业直接对外投资遭受风险的大小主要取决于被投资企业的经营状况和财务状况。被投资企业的经营风险与筹资风险共同影响到企业直接投资的风险，故在被投资企业经营风险或总风险已知的情况下，可近似地将其作为本企业直接投资风险。企业可根据与直接投资收益有关的历史资料计算投资收益的期望值、标准差和变化系数等指标，预测直接对外投资风险，原理与间接对外投资风险的估量相同。间接对外投资主要是证券投资，一般通过期望投资收益（率）偏离实际投资收益（率）的幅度和可能性来估量它们所面临风险的大小。对于单项证券投资风险的估量，常用的指标是该项证券投资收益（率）的标准差（或变化系数）和 β 系数，指标值越大，说明投资风险越高。

投资组合的风险一般通过该组合收益率的标准差进行估量。经过研究，我们认为投资组合总体的风险程度（以投资组合标准差反映）取决于三个因素：每一证券的标准差、每一对证券的相关性（以协方差表示）和对每一证券的投资额。随着组合中证券数目的增加，协方差的作用越来越大，而标准差的作用越来越小。故在进行投资组合决策时，必须考虑所选单个投资项目之间的相关程度。

企业在识别与估量投资风险后，针对决策过程中选定的投资方案及其可能面临的风险，可单独或同时采取下列措施进行投资风险的预防与控制：合理预期投资效益，加强投资方案的可行性研究；运用杠杆原理，协调经营风险与筹资风险。根据总杠杆、经营杠杆和筹资杠杆三者之间的相互关系，我们认为，经营风险较低的企业可在一定水平上使用筹资杠杆，采用筹资杠杆程度较高的融资组合方式，但经营风险很高的企业则宜在较低的程度上使用筹资杠杆，采用筹资杠杆程度有限的融资组合，从而控制企业的总风险。此外，企业还可以运用投资组合理论，合理进行投资组合；采取风险回避措施，避免投资风险；积极采取其他措施，控制投资风险。

（3）应收账款风险的管理。影响资金回收风险的因素主要有客户的偿债能力、客户的信用状况、企业的信用政策、结算方式等。由于资金回收风险的大小最终都体现在应收账款回收时间及其回收金额的多少上，在具体计算时要以应收账款回笼金额为基础，而不能按照现行制度、有关教科书或其他文献那样按赊销净收入来计算上述各项指标。此外，反映应收账款回收能力的指标主要是应收账款回收率、坏账损失率和收账费用率等。进行资金回收风险决策的关键在于，按照"风险收益权衡"原则，根据应收账款对企业获利能力和资金回收风险的双重影响，恰当选择收益相对较大而风险相对较小的资金回收方案（主要包括信用期限和现金折扣的决策）。企业正确制定出与信用期间和现金折扣有关的决策并将其落到实处，已成为预防资金回收风险的一项重要策略。此外，企业还应采取下述有关预防和控制资金回收风险的措施：根据客户按约付款的可能性，选择不同销售方式；选择合适的结算方式；制定合理的收账政策，及时催收货账款。

（4）外汇风险的管理。由于外汇风险的生成机制对企业的影响程度不同，其具体管理部门也有所区别。外汇风险管理是一项非常复杂的管理工作，企业必须按照一定的程序、采用科学的方法进行外汇风险的管理，其具体步骤为：确定恰当的计划期；预测汇率变动趋势；编制现金流量预算，确定净受限额；根据预期的外汇风险损益程度确定是否采取行动；选择正确的外汇风险管理战略。外汇风险管理战略的目标便是最大可能地减少风险和尽可能地降低为减少风险所支付的成本，即寻求符合风险最小、成本最低条件的最优解。

对外汇风险进行管理时，也应从影响这两个方面的因素入手，其策略主要有：选择好计价（或结算）货币；执行货币保值条款，提前或推迟结汇并尽可能进行差额结算；投保货币风险保险；采取资产负债表保值法；利用金融工具（特别是期权、互换等创新金融工具）转移风险；实施多角化经营策略等。

总的来说，在互联网时代下，企业成为市场竞争的主体，它所面临的风险将比其他任何经济制度中的风险都要复杂，但产权清晰、权责明确、盈亏自负和风险自担的现代企业运行机制也是促使其迫切寻求防范风险措施与对策的强大原动力。风险和风险管理问题已成为企业能否健康发展的关键，现代企业必须建立起一个能够承担风险以及保持市场竞争能力的财务机制，有效实施风险基础财务管理，努力提高经济效益，实现企业总目标。

二、互联网时代下财务管理理念的创新

（一）互联网时代下需要柔性财务管理

相对于传统的刚性财务管理，柔性财务管理是财务管理科学的一个新领域，但尚未引起财务管理理论界和实务界的充分重视，一直以来，人们只强调带有强制色彩的刚性财务管理，强调遵守和服从各种财务管理制度，强调完成各项财务指标，否则便给予惩处。显然，这种刚性财务管理具有强制性特征。而柔性财务管理则是在研究人们心理和行为规律的基础上，采用非强制方式，在人们心目中产生一种诱导性力量，从而实现组织的管理目标，把组织的意志转化为大家自觉的行动。可见，这是一种更加高级，更加人性化、民主化的财务管理，也是一种更加理性化、科学化的财务管理。

当财务组织的发展进入高级阶段后，需要更为复杂、更为灵活以及更为适应的创新需求，传统的财务组织应对这一特点会面临极大的压力。传统的财务管理是一种管理模式，而互联网时代的财务管理需要具有更多的柔性。

1. 深入了解管理的"刚与柔"

目前，信息技术已经广泛运用于企业的经营管理活动中，对传统的财务管理产生了较大的冲击，在互联网时代新的财务管理模式下尤其如此。作为企业，想要在激烈的市场竞争中取胜，就必须要通过科学的财务管理措施，促进企业各项管理活动效率的提升。柔性财务管理是当前企业财务管理的主要趋势，越来越多的财务管理人员也更加关注它的运用与实施，因此，对柔性财务管理与传统财务管理的对比与分析就显得十分重要和必要。

（1）传统财务管理模式特点和存在问题。传统财务管理模式是以主要通过手工核算或会计电算化的、单一会计核算模式提供的会计信息为基础，对企业资金的筹集、使用和分配进行统筹管理的模式。在网络经济环境下，企业的原材料采购、销售、银行汇兑、保险等过程均可通过计算机网络完成，无须人为干预。因此，它要求财务管理在管理方式上，能够实现业务协同、在线管理、集中式管理的目标；在工作方式上，支持在线办公、移动办公等方式，同时能够处理电子单据、电子货币等新的介质。而传统的财务管理使用内部网的财务软件，通过内部网实现在线管理，不能真正打破时空的限制，不能使财务管理变得即时和迅速。由于传统的财务管理与业务活动在

运作上存在时间差，企业各部门之间信息也无法相互连接，企业的财务资源配置与业务动作难以协调同步，不利于实现资源配置最优化。

（2）传统财务管理模式与柔性财务管理模式的区别。柔性财务管理是一种新型的财务管理模式，也是当前财务管理研究领域中的一个新话题，业界对其研究活动大都集中在柔性财务管理与传统财务管理的对比分析方面。从某种意义上说，柔性财务管理是与传统的刚性管理模式对比命名的，它通过一种诱导性的力量，在人们心中形成一种自我约束的力量，从而进行科学的财务管理策略，更加人性化以及科学化。传统财务管理模式与柔性财务管理模式的不同，可以从以下几个方面具体分析。

第一，二者在组织开展活动以及财务管理的处理方面有着一定的区别。传统财务管理模式的活动开展采用推进式的方法，而柔性财务管理模式的活动开展采用的则是牵引式的方法。也可以说，相比之下，传统财务管理模式更加注重活动的程序化和刚性化，而柔性财务管理更加注重财务活动组织的非程序化和柔性化。

第二，二者在财务管理目标的达成依据方面有着一定的区别。传统的财务管理模式利用财务计划的推动和财务活动的开展来促进财务管理目标的实现，而柔性财务管理模式则是以企业经营管理的动态活动为依据，通过对财务管理互动的不断调整，促进财务管理的不断优化，从而促进财务目标的实现。

第三，二者在财务管理的具体工作处理方面有着一定的区别。从当前企业财务人员缩短预算周期这一方面来说，传统财务管理模式侧重以责任为中心的方式，而柔性财务管理模式除了基本的以责任为中心的思想，更加注重人性化理念的融入。柔性财务管理模式给予财务人员和管理人员更多的空间和权利，允许他们解决在企业不同的经济业务以及经营环节出现的问题，从而在缩短预算周期的同时，促进财务管理效率的提升。因此，柔性财务管理模式不仅能有效刺激和提升财务管理人员的工作积极性，同时也能够通过人性化的管理理念来促进企业经营成本的有效降低，从而提高企业的经营效率。

（3）柔性财务管理模式的表现。柔性财务管理模式已经成为当前财务管理活动的主流趋势，也是人性化管理理念在财务管理中的具体体现，同时也代表了新时期企业管理活动的新方向。柔性管理在现代企业财务管理中的体现，可以从以下几个方面分析。

第一，企业财务文化的建设。从表面来看，财务管理模式针对的是企业的资金管理，而从本质上来说，是对人的管理，而人的行为又受到精神和思想的控制，因此财务管理的发展必须要充分注重对人的价值观和精神世界的引导，而建立在这种精神认识上的财务管理理念，便可以称为一种管理艺术。在这种管理艺术的引导下，企业在财务文化的建设方面就要更加注重以人为本理念的融入，以人员价值观的塑造为核心，才能充分调动人员工作的积极性，充分发挥人的潜能。企业的财务文化建设的内涵较为广泛，而财务精神是其核心的内容，所以财务文化的精神建设所体现出来的柔性化趋势是最为明显的。

第二，企业人才系统的形成。只有建设、完善具备较高综合素质的人才系统，才能为新时期企业财务管理的成功提供必要的基础。也可以说，财务管理模式不仅仅要对企业的资金和资源进行全面的管理，更要对管理人员系统的投入产生的成本进行全面的核算，才能不断地促进企业综合竞争力的全面提升。

与传统的财务管理模式相比，柔性财务管理模式在现代企业管理中有着更大的作用，不仅能更加有效地适应当前企业财务管理的需求，同时也能够促进企业财务管理效率的不断提升，从而实现企业的长远发展。同时需要注意的是，柔性财务管理模式在实施的过程中仍然面临着诸多的问题，需要我们不断地探索与实践，为柔性财务管理创造更有利的条件，才能促进柔性财务管理模式的有效实施，促进其作用的充分发挥。

2. 互联网时代下如何实现柔性管理

在非常长的时间内，大家似乎都更愿意使用刚性思维来进行财务管理。一方面，财务本身在不断进行所谓严谨、管控、规则化的自我暗示；另一方面，财务人员长期以来就生活在条条框框里，从准则到各类监管制度，环境中充斥着刚性元素，可以说这是一种过刚的状态，而这会逐渐束缚财务人员的创造力，难以适应今天商业模式日新月异的情况。互联网时代释放出要财务进行债务改变的强烈信号，同时也给我们创造了一个改变的机会。人工智能将帮助我们越来越多地完成原本需要"刚性"生产完成的工作，如财务审核、会计核算、资金结算等，而财务人员精力的释放将帮助我们有机会重新构建创造能力和柔性管理的能力。

（1）建立柔性的财务组织架构。传统的财务组织通常是层次化的树状组织形式，通常在最顶层设有集团财务总监，下面设几个专业的部门，部门下再设相关科室，到了下属的业务单元或者子公司，又有业务单位或者子公司的总部财务，同样对口集团再设置相关的专业部门，再往下，到了分支机构，视机构大小，设置数量不等的财务相关部门，但具体岗位也是向上匹配的，这种组织配置方式就带有典型的"刚性"。

采取这种组织形式的好处是能够在条线上快速地完成指令的下达，并在某个专业领域实现高效的上下协同。其弊端则是横向协作困难，并对变革和创新产生比较大的组织阻力。该模式也被称为"烟囱式"的财务组织架构。此外还存在另一种刚性：尽管我们说横向协同有问题，但在任何一个层级都有其统一的负责人，这些横向负责人又会造成跨层级之间的协同问题，使得原本垂直的刚性管理又遇到横向的钢板。

（2）尝试扁平式的组织形态。对于财务来说，在一个法人主体中往往会产生多个管理层级，比如"财务总监—财务各部门总经理—部门副总经理—科室经理—员工"已经产生了五个管理层级。适度的扁平化可以考虑简化一些层级，从而提升组织的运转效率。每多一个管理层级，就会多一层纵向之间的钢板夹层。从提高效率的角度出发，这种去钢板的变革应当适度增加中高层的管理跨度。

（3）积极应用团队结构的组织。在团队结构的组织中灵活地设置暂时性或永久性的团队，这样的组织形态可以改善横向关系，并有效解决横、纵钢板的问题。团队的设置可以是横向组合，也可以是纵向组合，甚至可以是横纵共同组合。在团队中可以纳入一个或多个管理者来共同解决问题，这样在面对重大问题的时候，可以让部门的局部利益让步整体利益。团队往往还结合项目来进行工作，项目化团队在柔性管理中有着重要价值。

（4）探索流程型的组织。对于财务工作来说，从流程角度出发也能够带来组织的柔性创新，并借助流程的穿透能力打破组织的刚性壁垒。流程型的组织在共享服务中心应用中最为常见，建议扩大流程型组织的适用范围，如将共享服务的流程由端到端拓展，将经营分析、预算管理、成本管理、税务管理等非共享运营流程引入流程型组织中。

3. 柔性的财务组织文化

（1）团队文化。这种文化类型下的组织类似于一个家庭，团队文化鼓励家庭成员之间相互合作，通过共识和相互传递正向能量，带动组织凝聚力的提升，从而发挥出更好的组织效用。对财务来说，这种文化往往可以在一些关键时刻去建立，如在年报期间、财务系统建设期间都很容易构建起这样的团队文化。

（2）偶发文化。这是一种注重灵活性的冒险文化，强调的是创造力的构建，以及对外部环境变化的快速响应。它鼓励员工尝试使用新方法甚至冒险去完成工作。这种文化在部分财务领域并不适合，如会计核算、报告、税务、资金结算等追求安全性的领域。但是在一些需要突破创新的领域，如创新性财务流程和系统建立、融资等。从这个角度来看，偶发文化可以作为财务组织文化的补充。

（3）市场文化。这是一种鼓励内部竞争的文化，它对效益的关注超出了对员工满意度的重视，这种文化形态更像一种商业行为。对于财务领域来说，财务共享服务中心最容易形成文化氛围。适度的市场文化在标准化的财务作业领域中能够有效地提高员工的效率，但是这也是我们前面所谈到的另一种刚性，不宜过度，否则将在财务共享层面造成负面影响。相反，在非财务共享领域，更需要加强对市场文化的引入，以驱动财务管理人员更好地投入工作。

从以上分析可以看到，未来柔性的财务组织文化应当在层级文化的基础上更多引入团队文化和市场文化，并将偶发文化作为必要的补充，形成丰富、立体的柔性财务组织文化体系。

4. 柔性的财务战略管控

柔性管理在财务领域的另一个应用是财务的战略管控。谈到战略管控，不少公司的做法是通过协商后制定战略目标，但一旦制定后就很少进行动态调整，造成了战略管控的刚性。而在预算管理上也存在类似的问题，预算缺乏灵活的调整，难以适应市场环境的变化，导致资源配置的刚性。因此，实现柔性的财务战略管控可以从绩效目标管理和全面预算管理两方面入手。

首先，是绩效目标管理。在传统的目标管理中，财务部门主要根据公司战略进行目标设定、任务下达及跟踪考核。在这个过程中，目标需经过管理层、业务单位以及财务的沟通协商后进行制定，但往往季度、半年甚至全年都不进行调整。同时目标的制定，往往只关注于自身进步，以财务目标为中心，可以将这种模式简单地归纳为仅仅和自己对比。这是一种带有刚性色彩的目标管理。

在柔性管理思想下,对目标的制定和考核应当更多地关注其他的维度,除了和自己对比外,还需要考虑和市场以及竞争对手的对比。通常,要设置具有挑战性的目标,可以考虑要求业务部门的绩效超出市场的平均水平,尤其要超出主要竞争对手的水平。当然,这是针对在行业中位于第一梯队的公司来说的,不同梯队的财务可以设定差异化的目标,但核心在于视角的打开和柔性化。另外,目标设定后不能一成不变,应当在全年中不断调整,不仅仅是固定时间节点的调整,市场中重大事件的发生、竞争格局或竞争环境的突然改变等都应当触发目标的即时调整。在目标管理上,应当兼顾财务目标与非财务目标,并具有更为主动的战略敏感性。

其次,是全面预算管理。传统的全面预算管理往往以年度为周期,基于年度循环来进行资源配置。部分公司将年度预算简单地除以12分配到每个月当中。在资源配置的过程中,这种方式往往不适用于全面的预算编制动因,致使预算编制结果与业务实际缺乏关联性。而在预算编制完成后,财务部门又较少展开预算调整,使预算和实际情况的偏离越来越严重。

在柔性管理模式下,资源配置应当具备更加细化的时间颗粒和维度颗粒,充分考虑到不同时间周期内业务经营的实际特点,进行差异化资源配置,同时结合更多的业务实际,向作业预算的方向进一步努力。柔性资源配置的背后还有成本和效率的约束。不过,在当前相对刚性的资源配置模式下,很多公司的预算要到3、4月才能完成,且在编制过程中沟通成本高昂,向柔性管理的迈进可能增加更多的成本。

5. 柔性的财务共享运营

传统的财务共享服务运营模式是典型的以制度为中介,对人的行为和组织目标进行配比的模式。这种运营模式更多的是一种刚性思维。刚性运营需要有稳定、统一以及可以预测的业务需求。同时,在业务加工过程中,以规模经济为基础,进行同类业务的大批量作业,强调统一性和标准化,在作业完成后要进行质量测试。财务共享服务中心的员工仅需完成单一作业,在管理中要求尽量减少工作差异,不曾或者很少进行在职培训。

可以看到,刚性运营能够享受规模效应及效率提升带来的成本优势。但在实践中,越来越多的企业管理者对财务共享服务中心的要求在不断提高,他们希望财务共享服务中心能够更具灵活性,能够应对更加多样和复杂的业务场景。而这本身也是财务共享服务中心的管理者所不断追求的。

财务共享服务中心的刚性是与生俱来的，也是不可或缺的，这是其安身立命之本。但财务共享服务中心的管理者必须意识到未来的趋势是刚柔并济，柔性运营的思维和能力已经不可或缺。直观地说，刚性思维是一套直线式的生产线，柔性思维模式则允许我们在这条直线上将差异件分流处理，同时允许员工在生产线上进行多流程环节处理，通过组织的柔性化、技术的柔性化、流程的柔性化带来财务运营的多种可能。

6. 柔性的财务信息系统

对于财务管理来说，还有非常重要的一点，就是需要将财务信息系统的刚性束缚打破，构建柔性的财务信息系统。由于中国的信息化发展历程过于迅速，许多公司尚在懵懂中就已面临技术的新发展、管理的新要求，其财务信息化的建设也是在不断打补丁的过程中完成的。这样的系统建设路径使得多数公司的财务信息系统缺少规划，遑论柔性。对于这些公司来说，一个很大的问题就在于当一个需求发生改变时，现有的信息系统调整困难，甚至大量复杂的后台业务的逻辑无人清查，使得新需求可能带来的影响无人能够清晰评估，并最终导致系统无法改变。

因此，在这种情况下，财务信息系统的刚性是具有极大的危害性的。要改变这种局面，事实上并不容易，需要公司各部门从以下几个方面共同努力。

首先，改变信息系统建设的观念和节奏，从打补丁的建设方式改变为先做规划和架构设计再开工建设。有些公司在系统建设的前期舍不得投入资金展开规划设计，产生高昂的后期返工和维护成本。在柔性管理思路下，建议在系统建设前期充分调研需求，多看市场成熟产品，必要时引入专业人士或者咨询公司来进行架构和需求设计。这样打好地基的投入看起来是刚性，但最终是给未来带来更多的柔性。

其次，在财务信息系统的架构设计中应当充分考虑产品化的思路。有的公司认为业务没那么复杂，没必要搞所谓的产品化、可配置化，IT人员只要用代码把规则写出来，流程跑通就可以。但实际情况是，这些公司从一开始就给自己戴上了沉重的刚性枷锁。有不少公司实际上都是在自己也没有想到的情况下快速发展膨胀起来的，这个时候除了推倒重来真的很难找到更好的方法。当然，对于一些初创型公司而言，如果自身没有充足的资金进行复杂的系统开发和建设，不妨考虑选择第三方产品，甚至是云计算产品，在低成本模式下保留自身的柔性。对于那些已经带上刚性枷锁的公司来说，这条路已经走得很远了，要想改变并不容易。找到合适的时机，对系统进行一次全面改造是由刚入柔的可能方式。这种契机往往出现在公司经营业绩很好，能够投入充足预算的时期，如果结合技术的大发展、大进步，则更容易实现柔性管理。

上文讨论了管理的"刚与柔"，并探讨了财务需要考虑引入柔性管理的场景。在互联网时代，适度加强企业的柔性管理能力有益于企业的健康发展。而最佳的境界是做到刚柔并济，发挥刚与柔的和谐之美。

(二) 互联网时代下需要"零存货"财务管理理念

互联网经济时代的到来，存货的订货成本越来越小，甚至打个电话、发个邮件就可以订货。企业大大降低了订货成本，导致存货相关总成本基本上等于储存成本，为了使储存成本最低，就需要实现"零存货"。因此，经济订货量将被 ERP 系统、适时生产系统的"零存货"全部取代，这只是时间问题。

1. "零存货"的管理意义

"零存货"的意思是在生产经营的过程中，所有关于生产成本的物品包括物料、半成品和产成品等在经营过程中不在仓库里储存，而是处于周转的状态。"零存货"并不是从字面意思上理解出的"没有存货"或某些产成品在仓库的储存数量为零，恰恰相反，它是经由对存货控制实施的具体战略，建立一种以充分准备材料为基础的供应方法，进而优化库存量，降低库存成本，实现真正的"零存货"。正常情况下，企业会在库存上有大量的存货，目的是防止发生意外，但这样会让企业存货占据不必要的流动资金。若是企业采取"零存货"的仓库管理模式，不存在仓储形式，而让货物周转，存货在流动资金中所占的比例就会下降不少，企业就能提高资金使用率，还可以防止存货跌价损失的现象出现。

2. ERP 系统的应用——以 Dell 公司为例

企业资源计划，又称 ERP，是以电子软件为载体，并建立在信息技术的基础上的系统化的管理方法，目前其销售量呈逐年上升的趋势，它也越来越受到现代企业的欢迎。1994 年，Dell 公司为了尽快跟上竞争公司的步伐，决定建设一个全新的商业模式和业务流程，ERP 由此问世。使用 ERP 系统，参照"零库存"原则,使企业有效地降低了库存存货,几乎完全消灭存货占有率,显著降低了成本,提高了生产效率。

(1) 同供应商结成牢靠的联盟。Dell 公司在选择供应商的方面十分严格,且优先考虑业内前景最优秀的公司,并和最终选定的供应商建立可靠的联盟,共享信息资源。Dell 公司与选定的供应商借助网络紧密相连,上游配件制造商同 Dell 公司一起组合成了一个虚拟的企业。Dell 公司的 ERP 系统与互联网相连,客户在线上发起个性化电脑订单,ERP 系统会自动生成物料订单,派发给相应的供应商,供应商收到物料订单后从仓库发货。仓库距离生产车间在 50 公里范围内,所以能在短时间内将零件运送到 Dell 公司的工厂进行组装,组装完成后通过快递将电脑交到客户手中。从客户下订单到组装完成电脑再交付到客户手中,整个过程基本上 2~3 天时间就能完成。其中没有批发商、零售商的参与,节约了中间商的成本;不需要租赁门面进行销售,节约了经营成本;零件基于客户需求组装,没有原材料存货;产品是按个性化订制的产品,生产出来直接交付给客户,没有产成品存货,从而实现最小化存货相关成本。

(2) 用信息代替存货。做到及时、准确地传递信息对"零库存"来说非常重要。Dell 公司做了如下三个层面来强调信息沟通机制:一是 Dell 公司和供应商的信息沟通。Dell 公司与供应商签订合同,仓库在工厂 50 公里范围内,确保几小时内供货。二是 Dell 公司自身内部的生产环节的信息沟通。因为"零库存"的存货管理模式选用的是需求拉动生产的方式。为了实现"零库存",是下游工序传达指令给上游工序,上游工序按照下游工序输出和生产类型的指令进行生产。三是 Dell 公司和客户的信息沟通。Dell 公司的销售方式是网络直销,和客户的直接信息沟通就显得十分重要,只有了解客户的实际需求才能够顺利获得订单。

3. JIT 系统的应用——以丰田公司为例

适时生产系统,又称 JIT,是以高科技为基础、以满足客户需求为起点,要求企业在多品种小批量混合生产条件下将存货维持在最低水平,尽可能实现"零存货"的生产方式。JIT 以追求零废品率、零库存量为企业的最终目标,在世界各国的多品种小批量生产企业中备受欢迎。

(1) 制订长期生产计划。丰田公司开设了专门的生产规划科,用来专门从事制订长期生产计划,时间周期跨度为 3 年。这个长期生产计划无须追求高度精确模型和数量,只需要根据市场的走向估计三年内可能会产生的模型和数量。为了赶上市场的变化,丰田公司滚动制作计划(每半年制订一次)。这个计划为了能给供应商提供长期的订单,需要向供应链汇报相应的生产信息,并具备相应的长期生产能力。

(2) 供应商直达供应。供应商采用的方式是直达供应,取消了中间仓库,中间没有了缓冲,执行起这个生产模式的风险变大了。然而,因为丰田公司的供应体系突出的是双方的整体利益、互信和互利、质量保证,接受货物质量免于检查的自由,合作工厂紧密分布在50公里以内的主厂房内,可以实现重要部件在一小时之内交货,次重要部件在一日之内交货,不重要部件也可以在一周内交货。据统计,16%的合作工厂可以每周送货,52%的合作工厂可以每天送货,32%的合作工厂可以按小时送货。丰田公司的策略就是把零件、生产、销售都小批量化。

(3) 采用倒推制。丰田公司颠覆了传统的生产计划概念,受到大卖场补货原理的启发,采用倒推制,即当最后一道工序只剩3件多余零件的时候,才向前一道工序提出供货要求,依次倒推。这样就避免了各个环节生产多余零件、产生浪费。当然这就要求每道工序需要的零件都及时到位。

丰田公司并不迷信现代化流水线,在自动化的生产线上安装了手动停机的按钮,一旦上一道工序产生连续次品,下一道工序操作者会立即按下按钮,让生产线停下来,避免生产出成堆的不合格零件,从而更好地保证了质量。这种成本节约的管理方式,在丰田公司遭遇石油危机和日元升值等成本危机后,发挥了至关重要的作用。

4. "零库存"管理对企业的借鉴

即使在美国、日本和欧洲等世界上许多发达国家已经普遍推广宣传了"零库存"管理,但是它依然是充满风险与诱惑的,能否真正地实现"零库存"决定于企业的具体情况与条件,囊括了产品、供应商、技术以及客户和企业本身高层决策者的支持,参照戴尔计算机公司和日本丰田公司的成功案例,建议企业做好以下工作。

(1) 合理地选择供应商。供应商、企业之间签订好合同,明确双方的权利和义务,确保物料能及时供货。仓库与工厂的间隔距离是产品和材料运输的一个关键性的因素,如何在双方商定好的时间内以最快的速度准确地将所需的东西送达,以满足"零库存"的条件,一起合作解决问题,最后保证及时交货，是管理的关键所在。企业需要选择优质诚信的供应商，并与其保持良好合作。

（2）实施适合的配送方法。健全的物流体系和完善且适当的配送模式十分重要，供应商将物料从仓库运送到工厂需要物流配送，企业按订单生产出的货物交到客户手里需要物流配送。在配送的方式上，企业应该采用"即时配送"和"准时配送"的方式来满足每个客户不同要求的货物配送。这种配送方式有着供货弹性系数大、时间稳定且灵活等优点，企业的库存压力可以被大大降低。

（三）互联网时代零营运资本的财务管理理论

1. 零营运资本的概念及理论

营运资本是企业的流动资产与流动负债相减的净额，即营运资本＝流动资产－流动负债。零营运资本从本质上来说属于"零存货"的进一步扩展。传统财务管理中，强调流动比率是一个衡量短期偿债能力的重要指标，该指标越大，说明流动资产对流动负债的保障和偿还能力越强，企业对于支付义务的准备越充足，短期偿债能力越好；若该指标小于或等于1，也就是流动资产小于或等于流动负债时，企业的营运可能随时因周转不灵而中断，将被认为是风险较大的企业。

流动比率过高可能是由于商品、材料等存货的积压陈旧、过时滞销或应收账款到期无法收回的占款造成。这会导致真正用来偿还债务的货币资金严重短缺。正因如此，很多国家的著名企业都在追求零营运资本的经营理念。

美国通用电气公司财务经理丹尼期·达默门指出："削减营运资本不仅会创造现金，还会促进生产，使企业经营得更好。"零营运资本的财务管理理念作为降低成本的有效方法应运而生，而且也很快成为许多企业财务管理实践的指导性理论。美洲标准公司的总裁埃曼纽尔·坎布里斯在公司财务发生困难时，将公司营运资本降到零，动员全球90家子公司压缩存货，压缩营运资本。他用省下的营运资本偿还债务，还将余下部分投资增产，使成本降低、营业收益大增，靠压缩营运资本挽救了在崩溃边缘的公司。海尔集团提出的零库存、零距离、零营运资本是海尔市场链的战略目标，海尔的零营运资本管理也是强调把企业在应收账款和存货等流动资产上的投资成本尽量降到最低限度。

从以上国外大型公司追求零营运资本的典型案例中明显看出，营运资本效率高、营运资本管理得好，即使资本数额较少甚至"零"营运资本，也能发挥较大的经济效益。追求零营运资本目的在于减少应收账款和存货，减少不必要资产的占用，以提高企业经济效益，零营运资本的理论依据也正在于此：通过提高营运资本的周转速度来压缩存货和应收账款，将占用在存货和应收账款上的资本解放出来，以此提高企业的经济效益。

2. 零营运资本的作用

零营运资本的理念相当于利用了财务杠杆，体现了以较少的营运资本取得了较大的收益，零营运资本的这种杠杆作用具体为以下几个方面：

第一，追求零营运资本，可以促使企业加强对应收账款的管理，使企业积极制定应收账款信用标准和信用政策，严格收账制度，加速回收应收账款，避免坏账的发生，确保资金周转畅通。

第二，追求零营运资本，可以促使企业加强对存货的管理，使企业加速存货的周转，减少存货周转时间，避免因存货过时、滞销、积压、浪费等占用资金，节约开支的同时增加企业经济效益。

第三，追求零营运资本，可以促使企业提高营运资本的周转速度，解放被占用在应收账款和存货项目上的资金，将其用于互联网时代下的技术、无形资产、智能创新以及生产经营再投资等，以提高企业的经济效益。

第四，追求零营运资本，可促使企业资金投入更精准、生产能力更强，销售收款速度更快，缩短企业的循环周期，促进企业设备以及产品的更新换代，使其更能适应互联网时代的市场竞争，这既巩固了老客户，又赢得了新客户，从而增加了企业的利润额。

（四）互联网时代下财务管理"零缺陷"理念

"零缺陷"理念是指零缺陷的全面质量管理理念。全面质量管理这个名称是 20 世纪 60 年代由美国著名专家菲根堡姆提出的，是在传统质量管理基础上，随着科学技术的发展和经营管理需要而发展起来的现代化质量管理。此法一经问世，便在世界各国得到迅速推广，并在实践中不断丰富和发展，成为企业界备受青睐的管理工具。全面质量管理（TQM）是指为了能够在最经济的水平上考虑到充分满足顾客要求而进行的市场研究、设计、制造和售后服务，把企业内各部门的研制质量、维持质量和提高质量的活动构成一体的一种有效的体系。

质量是企业的生命，是企业获得良好经济效益的基础。一个企业的利润多少，关键在于对质量成本的控制，美国著名质量管理专家克旁士比有句名言："质量是免费的。"他认为"真正费钱的是不符合质量标准的事情——第一次就没有把事情做对"。因为如果第一次没做好工作，质量不合格，就会使企业耗用额外的时间、金钱和精力去弥补，企业发生的质量损失需要投入高出成本数倍的人力、物力、财力去补救，这既让企业质量信誉受损失，又浪费了大量财富。企业要在互联网时代下日益激烈的市场竞争中生存和发展，就必须在质量上下功夫。现代社会所需的产品结构日趋复杂，对产品的精密度和可靠性要求也越来越高，所需费用将以质量成本的形式增加企业负担。

我国在20世纪80年代引进并推行全面质量管理，为企业带来较好的经济效益。近年来，许多著名企业也在努力实施全面质量管理，结合实际成立了专门的质量控制小组，建立了由高层领导、专业干部和工人参加的"三结合"质量管理体制。此外，很多企业创建智能化、自动化的专业质量管理体系，保证了产品质量，提高了经济效益，还增强了企业竞争力。

综上所述，全面质量管理是质量经营的精髓，与传统质量管理相比更具竞争力。全面质量管理的关键在于实现零缺陷。所谓零缺陷是所有品种都符合规格。这就要求每个生产阶段、每道工序、每个加工步骤都按照设计好的来抓好质量控制，做到每个生产阶段，每道工序、每个步骤的零缺陷，达到最终产品的零缺陷。零缺陷具有成本效益上的合理性。"零缺陷"全面质量管理理念重点在于对每一加工程序的连续性质量控制，一旦在操作中发现问题，就立即采取措施，尽快进行消除或更正，以实现生产第一线瞬时的智能化以及自动化控制，绝对不允许任何一件零部件从前一生产程序或步骤转移到后一生产程序或步骤，以保证整个生产过程中的零缺陷。

(五)互联网时代下财务管理"零起点"理念

"零起点"理念来源于管理会计中的零基预算，零基预算以零为基础编制计划和预算的方法，是指在编制预算时对于任何项目的开支数额，均以零为基础，不考虑以往情况，从根本上研究分析每项预算的必要性和数额大小。这种预算不以历史为依据，在年初重新安排出各项管理活动的优先次序，并据此决定资金和其他资源的分配。

零基预算的思想源于1952年,美国人维恩·刘易斯提出零基预算,由于零基预算不受现行预算的约束,能充分发挥各级费用管理人员的积极性,而且能促使企业各个职能部门厉行节约、精打细算、合理使用资金,提高资金的使用效率。因此,它很快受到西方发达国家的欢迎。在竞争激烈、技术革新的互联网时代,"零起点"的内涵在不断扩大,将会延伸到企业管理的各个角落。如果企业的作业流程以"零"为起点,一切从头做起,不仅能使企业脱胎换骨,而且能促使企业经理们打破陈规,从一个全新的视角来审视各项工作。随着经济环境的剧变及市场竞争的加剧,"零起点"的竞争战略将越来越受到企业管理者的青睐。

综上所述,互联网时代,"零"的追求作为一种新的财务管理理念,是企业增强竞争力、提高经济效益的一种有效手段。

第四节 互联网时代下流程再造财务创新

互联网时代,网络技术使企业竞争更加激烈,经营规则不断创新,传统管理模式和流程已经无法适应时代发展的需要,企业受到极大的冲击,许多企业正在考虑创造价值的方式,其方法之一就是用信息技术彻底重新设计流程,从而有效增强企业的竞争力,并为客户创造价值。流程再造理论在企业中的应用,改变了管理思想和管理方法,改变了采购、生产、销售等流程,对财务管理产生了强烈的冲击和震撼。因此,以价值链管理理论和流程再造理论为指导,分析传统财务流程的缺陷,从战略管理的视角出发,创新财务管理流程,能够使财务流程嵌入企业经营活动过程中,实时反映经营活动。这一改革的目的是从理论上探讨互联网时代正确获取信息、降低财务风险、提高财务信息质量的途径,指导财务管理实践。

一、流程再造的概念

流程是指在工业品生产中,从原料到制成品各项工序安排的程序。据《牛津词典》,流程是指一个或一系列连续有规律的行动,这些行动以确定的方式发生或执行,促使特定结果的实现。而国际标准化组织在ISO 9001:

2000质量管理体系标准中给出的定义是："流程是一组将输入转化为输出的相互关联或相互作用的活动。"

流程有六要素：资源、过程、过程中的相互作用（即结构）、结果、对象和价值。把一些基本要素串联起来：流程的输入资源、流程中的若干活动、流程中的相互作用、输出结果、顾客、最终流程创造的价值。不论用什么样的语言来表达，一个完整的流程基本包括这几个要素。流程再造侧重从执行的角度把个人或组织确定的目标去执行到位，而不考虑或者改变组织的决策，在决策确立之后，流程要解决的就是怎么更好地实现决策的目标，而不是改变决策的目标。

流程管理就是从公司战略出发、从满足客户需求出发、从业务出发，进行流程规划与建设，建立流程组织机构，明确流程管理责任，监控与评审流程运行绩效，适时进行流程变革。流程管理的目的是使流程能够适应行业经营环境，能够体现先进实用的管理思想，能够借鉴标杆企业的做法，能够有效融入公司战略要素，能够引入跨部门的协调机制，从而帮助公司降低成本、缩减时间、提高质量、方便客户，提升综合竞争力。

一般认为，流程管理是一种以规范化的构造端到端的卓越业务流程为中心，以持续的提高组织业务绩效为目标的系统化方法。它应该是一个操作性的定位描述，指的是流程分析、流程定义与重定义、资源分配、时间安排、流程质量与效率测评、流程优化等一系列具体做法。流程管理是为了客户需求而设计的，因而这种流程会随着内外环境的变化及需要被优化。分析流程的六要素，可以发现流程具有以下特点：①目标性：有明确的输出（目标或任务），可以是一次满意的客户服务，也可以是一次及时的产品送达；②内在性：包含于任何事物或行为，所有事物与行为都可以用这样的句式来描述："输入的是什么资源，输出了什么结果，中间的一系列活动是怎样的通过配合和协同发挥效率的，流程为谁创造了怎样的价值"；③整体性：至少由两个活动组成。流程，顾名思义，有一个"流转"的意思隐含在里面。至少有两个活动，才能建立结构或者关系，才能进行流转；④动态性：从一个活动到另一个活动。流程不是一个静态的概念，它按照一定的时序关系徐徐展开；⑤层次性：组成流程的活动本身也可以是一个流程。流程是一个嵌套的概念，流程中的若干活动也可以看作是"子流程"，可以继续分解若干活动；⑥结构性：流程的结构可以有多种表现形式，如串联、并联、反馈等。这些表现形式的不同,往往给流程的输出效果带来很大的影响。

二、业务流程再造的基本含义

业务流程再造(BPR)是 20 世纪 80 年代末以来应对 3C(顾客、竞争、变化)的挑战,流行于国际的一种新的管理观念和方法。Michael Hammer《再造企业》曾对 BPR 作出了权威性的定义:"BPR 是利用信息技术对企业业务流程做出根本性的再思考和彻底的重新设计,以达到成本、质量、服务和速度等现代关键业绩指标的巨大提高。"业务流程再造的核心是彻底重新设计企业流程,使得成本或时间显著改善。

业务流程再造理论突破了传统劳动分工理论和"职能导向"的组织结构设计理论思想体系,强调三种观念:一是变职能观念为流程观念,为企业经营管理提出了全新的思路,即摆脱传统的组织分工理论的束缚,提倡顾客导向、组织变通、员工授权及正确地运用信息技术,达到适应快速变动环境的目的;二是重新设计的观念,即对企业中陈旧的观念和与之适应的行为规范,要及时重新设计;三是绩效第一的观念,业务流程再造的最终目的是通过业务流程、工作方式以及组织结构的改造和创新,带来组织绩效的大幅度提高。

三、业务流程再造的效果和基本方法

业务流程再造对业务流程的活动集合、活动之间关系的变化影响,可以从两个方面理解。第一,企业业务流程或流程中的活动减少。由于信息技术的采用,以前由多个活动或流程分别完成的任务,可合并为一个活动或流程来完成,从而提高业务流程的性能。也就是再造前后相比,为完成相同的任务所涉及的业务流程或流程中的活动更少。第二,更加强调业务流程或流程中活动之间的控制关系,再造后的业务流程以流程为导向,更加强调资源共享和信息共享。共享也就是流程或活动之间的协作,而这种协作主要依赖于信息技术的运用,即控制流程的合理使用。对于资源共享而言,其基础必然是建立在信息技术的合理运用之上,如果没有信息共享,那么流程资源也无法共享,前者是后者的关键。因此,业务流程再造更加强调业务流程或流程中活动之间的控制关系。总之,企业实施业务流程再造的目的就是提高业务流程性能，而业务流程性能提高可以分解为业务流程各项指标的改善。根据业务流程再造理论创始人 Hammer 对于业务流程再造的定义，确定反映业务流程基本性能的四项指标为业务流程成本、业务流程质量、业务流程所提供的服务及业务流程的效率。企业实施再造就是要提高业务流程的四项指标性能，通过四项指标的综合平衡，实现业务流程性能的综合提高，对业务流程进行根本性的再次审度和彻底变革。流程再造定义中出现了三个关键词即根本性、彻底性、显著性，其具体含义如下：根本性是为了达到流程设计目标最优化，需要跳出原有管理的条条框框、摆脱原有思考问题的思维、重塑业务流程，一切从零开始，重新进行新的流程结构与系统框架的设计；彻底性奠定在根本性的基础之上，对企业的管理思想和管理方式进行颠覆性的变革，不是简单的修补工程，而是从根本上解决问题；显著性主要是流程再造后衡量其效果和效益的程度，主要利用成本、时间、效率、竞争力等因素。为了消除对企业整体运作效率、绩效提高有负面影响的各环节与因素，而从根本性、彻底性上对现有流程进行变革，从而显著提高经济实体的综合竞争力，体现了流程再造思想的高效益和高回报。

业务流程再造作为一种重新设计流程的思想具有普遍意义，在操作上应根据企业实际情况来进行。流程再造一般来说采用的基本方法是 ES-IA，即清除（eliminate）、简化（simplify）、整合（integrate）和自动化（automate）。

清除方法是指将企业现有流程内的非增值活动予以清除。非增值活动中，有些是不得已而存在的，而有些则是多余的，因此，在流程设计中，对每个流程都要思考其存在的必要性。过量产出即超过需要的产出，这对于流程而言是一种浪费，因为它无效占用了有限的资源。缺陷、失误产生故障等除了人为原因，很大原因在于流程结构缺陷或失误。例如，面对重复信息录入，可以用数据库共享减少不必要的重复劳动。又如，许多跨部门的协调已经成为本位主义、官僚作风的一个代言词，对此应加强全企业流程的整体战略，对职责进行重新分工。

简化方法是指尽可能清除非必要的增值环境后，对剩下的活动仍需要进行简化，一般来说可从表格、程序、沟通、物流等四方面进行考虑。整合方法指对分解的流程进行整合，合并相关工作或者工作组，使流程顺畅、连贯，更好地满足客户需要。企业中经常出现一项工作被分成几个部分，而每一部分再细分，分别由不同部门、不同的人来完成的情况。一旦某一个环节出了问题,不但不易于查明原因,更不利于整体的工作进展。

自动化是指随着互联网商务迅猛发展,信息技术正广泛而深入的在企业中得到应用,改变着人们对企业认识的思维模式。因此 BPR 设计不能离开互联网,对于流程的自动化,不是简单加以自动化完成,而是在对流程任务的清除、简化和整合的基础上应用自动化和智能化,同时任务的清除、简化和整合本身也有许多方面要依靠自动化和智能化来解决,自动化应减少数据的反复采集,重复记账,加快数据传输的速度,提高企业的运作效率,通过分析软件自动智能对数据进行收集、整理与分析,加强对信息的利用率。

四、业务流程再造的环节

(一) 流程分析与诊断

一般在进行流程重组之前,都需对其原有工作方式进行分析和诊断,以确定重组的范围、深度和方式。这样做可以对原有的流程有清楚的认识,找到与速度、效率等新的管理要求不相适应之处,以使新建的流程切实符合管理要求。

流程分析与诊断是指对企业现有流程进行描述,分析其中存在的问题,进而给予诊断。

首先,分析流程的主要问题是什么。影响企业运行效率的主要因素往往是产品质量不合格、制造或管理成本太高、流程周期太长,以及基本的流程结构不适应企业经营战略的要求等,这些问题都存在于具体的流程中。企业必须针对具体问题,分析其原因。只有深入了解现状,才能从总体上把握问题的要点:改进方向、约束条件,理解现有流程可能实现的"改进区间"与"拔高程度"。

其次,诊断问题出在某个流程内部,还是出在流程之间的关系上。企业在查出流程中的问题之后,还要查清问题的缘由,即问题是由流程本身内部的混乱造成的,还是由流程之间的关系不协调造成的。企业的各种流程实际上都存在相互制约、相互影响的关系,所以企业应该特别重视流程之间的相互作用和匹配。一般来讲,不同组织其性质和目标不同、业务不同、管理不同,其流程就会有很大的差异。但是,如果把企业实际流程进行有效的分类,企业流程通常存在三类主要流程:业务流程、会计流程和管理流程。这三类流程并非独立存在，而是相互联系、相互依存、相互作用。因此，企业在进行流程分析与诊断时，不仅要对单项流程进行合理的整合，更应加强流程网络的总体规划，使流程之间彼此协调，减少摩擦和阻力，降低系统内耗。

最后，企业在查清流程过程中的问题后，还要对流程的重要性、问题的严重性和改造的可行性进行分析论证，以便安排流程改造的先后次序。一般来说，限于企业的人力、物力和财力，企业不可能对所有的流程同时进行改造，应该将改造的重点放在关键流程上。

（二）流程的再设计

针对前面分析诊断的结果，重新设计或改进现有流程，可以使其趋于合理。流程再设计不应照搬手工流程，而应将信息技术、先进的企业管理思想和管理方式融入流程设计中，实现信息集成、支持实时控制和快速反应。流程再设计基本思想如下。

第一，实现从职能管理到面向业务流程管理的转变。BPR强调管理面向业务流程，将业务的审核立足于业务流程执行的地方，缩短信息沟通的渠道和时间，从而提高对顾客和市场的反应速度。为了建立扁平化组织，BPR要求先设计流程，然后按照流程建立企业组织，尽量消除纯粹的中层领导。这不仅降低了管理费用和成本，更重要的是提高了组织的运转效率及对市场的反应速度。

第二，注重整体流程最优的系统思想。BPR要求理顺和优化业务流程，强调流程中每一个环节上的活动尽可能实现最大化增值，尽可能减少无效的或不增值的活动，并从整体流程全局最优（而不是局部最优）的目标出发，设计和优化流程中的各项活动，消除本位主义和利益分散主义。信息时代的竞争不是单一企业之间的竞争，而是一个企业的供应链（由供应商、企业制造车间，分销网络、客户组成一个紧密的供应链）与另一个企业供应链之间的竞争，这要求企业在实施BPR时不仅考虑企业内部的业务流程，还要对客户、企业自身与供应商组成的整个供应链的流程进行重新设计，从价值角度看，就是实现整个价值链的增值。

第三，充分发挥每个人在整个业务流程中的作用。BPR要求权力下放，将实时控制置于流程中，将控制机制和控制权下放到流程和流程岗位。因此，BPR要求整体提高处理流程上的人员素质，强调团队合作精神，倡导企业员工将个人的成功与其所处流程的成功作为一个整体考虑。

(三) 流程重组的实施

这一阶段是将重新设计流程真正落实到企业的经营管理中去,是一项艰巨而又复杂的工程,涉及组织的人员权力和地位的改变、集成信息系统的建立等。流程重组的机会带来各方面业绩的巨大进步,包括利润上升、成本下降、生产效率提高等直接表现,以及产品质量、顾客服务、员工满意程度、整体力等间接指标的相应提高。

相反,流程重组若实施不当,也会给企业带来极大伤害。在许多BPR失败的例子中,往往在项目实施的开始阶段,内部对BPR思想及如何实施存在疑惑而延误项目的进程。更有企业甚至直接跨越了在企业中宣传BPR思想、消除员工顾虑这个阶段,直接实施流程重组,其结果可以想象。企业往往知道需要适应市场、竞争环境的变化,但是却不知道改变什么以及如何改变,在这种情况下就急于实施BPR,造成了许多BPR项目的失败。

BPR项目失败的另一个主要原因是,企业忽视信息技术对BPR的重要性,尽管花费了相当多的人力、物力和时间,结果却是系统的微改,甚至失败。因此,实施BPR存在着风险,但成功太诱人了,还是有越来越多的企业甘愿冒这样大的风险。而且成功的例子证明BPR绝不是不切实际的理论,而是确实能够极大地提高各方面的业绩。因此,深刻理解BPR理论,并应用先进的方法是流程重组成功的重要基础。

五、互联网时代企业财务流程再造

互联网时代对财务提出了诸多要求,财务流程作为财务组织工作的实现路径,其设计必须满足时代的需求。但不是靠简单的依托互联网财务软件,而是一种理念——对传统经济模式下财务流程理论进行修缮和更新,彻底转变财务流程再造的思维。

(一) 财务流程的内容

1. 财务流程的含义

财务流程有广义和狭义之分。狭义的财务流程是指局限于财务部门内部的工作流程;广义的财务流程和企业的业务流程密切相关,凡是涉及企业资金运动、资源消耗和会计处理的业务流程都属于财务流程的范畴。财务流程分为三种基本流程形式：第一，财务战略流程，构造、计划和开辟将来重大事项的财务流程，囊括财务战略计划等内容；第二，财务运营流程，构造、达成日常财务活动功能的财务流程，主要包括采购、生产、销售、现金收支管理、财务报告等日常财务管理行为；第三，财务保障流程，保证财务战略流程和财务运营流程得以顺利完成而提供保障的流程，囊括人力资源价值管理、内部控制、系统管理等内容。这三方面的基本流程构成一个统一有机体，组成完整财务流程。

2. 财务流程再造的内涵

业务流程与财务流程是整体与部分的关系。近年来，鉴于财务流程越来越被重视，因此财务流程这个子部分从业务流程的整体中被割离出来单独研究。财务流程再造是指从公司战略出发，奠定在企业价值剖析的基础上，为了实现促成企业资金持久、平衡、高效地运转和配备、支撑企业实现盈利能力长久发展的目的，而进行的颠覆性的思维体系重塑和企业行为，其基本思路是通过重新设计组织经营及财务运作的流程。

财务流程再造包括两个方面内容：一是流程系统改造；二是流程重构。财务流程的系统化实际上是在分析现有流程的基础上，对现有流程进行整合，使系统更加优化，从而创建出新流程。财务流程的重构则是着眼于企业营运的创新考虑，对财务流程进行重新设计。一般而言，系统改造用于短期绩效改进，对比全新设计流程而言，风险较低，但随着时间推移，绩效的改进程度会逐级降低，因此要保证企业绩效的持续改进，使得这些流程的增值最大化，相关的成本费用最小化，就必须对企业财务流程进行持续化的改造。系统化改造现有的业务流程，其中的重点是从客户价值出发，消除或减少流程内部的非增值作业，调整和整合核心增值作业，从而提高企业绩效。

3. 财务流程再造的方法

①取消：将流程中不合理、无效的环节删除，如过多的控制、检查环节、等待时间、重复操作、重复存储、文件传递等。②简化：将非增值性的步骤从流程中剔除出去或尽可能压缩。这里所指的非增值性步骤是针对能否满足企业价值管理或是否有助于改进整个流程的运作效率而言的。流程的简化分为三种：成本导向、时间导向和再造性流程简化。成本导向流程简化就是以流程的成本分析为手段、以成本降低为目的的简化；时间导向目的在于缩短业务的财务处理时间；再造性流程则是大幅度地改进、再设计。③整合：将

被人为分割的七零八碎、由多个人员分别负责的任务重新连接起来,由一个或多个人员共同负责任务的全过程。④变革:打破常规、重新定义业务处理规则,改变以往流程的处理内容、环节等。

4. 财务流程再造与企业战略关系

(1) 财务流程再造与企业战略的关系。企业战略是指经济实体作出或规划出将对企业内部的重要资源进行配置的引导方针,以实现经济实体深远发展的目的,是各内外部环境要素关系的根本性制定。作为能明晰企业长远发展目标的最基本的手段,企业战略能使企业与其内外部环境相互协调。时代背景下大量事实显示,产品和市场并非是企业战略制定考虑的唯一因素,企业流程也是一个不容忽视的因素。将企业的重要流程改进为能为客户带来较高满意度与收益的战略能力是企业在激烈的竞争中立于不败之地的必要条件。

第一,战略需要是财务再造的影响因素。作为一种新的颠覆性的管理思想和手段,一项系统性的浩大工程,财务流程再造会影响经济实体的各个方面。财务流程再造对经济实体的贡献不单单表现在可以提升各环节运转效率,甚至其能与企业战略相结合,转化为企业战略施行的根本和有效方法,从而为企业竞争力的提升贡献力量。因此,流程再造不光是详尽的客户化的流程绩效的要求,更是基于企业战略需求影响而形成的。企业战略体现了企业整体的成长意图,企业也会根据时代背景的不同、各部门的差异化将集体的战略目标进行适时分化,这些细小化的战略意图,就成为经济实体施行财务流程再造的影响要素。

第二,企业战略对财务流程再造定位的导向作用。企业的战略对财务流程再造的施行的方向有着不容小觑的作用。战略目标有差异,企业施行财务流程再造项目的预期目标就会相应地不同,再造的侧重点也将有所不同。例如,倘若某企业实施的是成本化战略,则在战略的施行构成中产品或服务的多样化与差异性可能就不是该企业进行流程再造的倾斜力度的侧重边。企业的战略目标和主攻偏向对财务流程再造施行的具体方向具有明确的导向作用,是能够保证财务流程再造不走偏不走错的重要因素。

(2) 基于战略的关键再造流程选择。目前业务流程再造理论界和企业界普遍认为,进行重新设计和再造对象的选择,主要考虑流程绩效的低下性、位势的重要性和再造的可行性等三方面的因素。

原因一:绩效的低下性。流程是通过多个活动的有序集合,从而增加产业价值链的价值递增。若一个流程的运作效率十分低下，并且在考核点上表现出效益的低下性，那么这个流程就存在问题。

原因二：位势的重要性。在企业流程中，每一个流程对企业的绩效影响是不一样的，它的效率直接会影响到整个企业流程的产出效率，具有相当大的乘数效应。在流程再造中，这种对企业绩效影响较大的流程自然成为重要的再造流程。

原因三：落实的可行性。流程再造需要一定的条件，如再造的技术水平、再造者自身的能力，这些因素往往会制约再造的可行性及再造的核心流程。

(二) 传统财务流程概述

1. 传统财务基本流程

传统财务是一个以提供财务信息为主的信息系统，独立对其所在组织发生的会计行为进行核算，并完成报表编制，然后在会计期结束后按管理层级逐层次上报财务报表。总公司财务部门则通过报表合并，得出整个企业的经营状况，并完成报表编制。传统企业财务流程一般包括如下几个步骤：①经济业务发生，业务人员对其进行记录；②业务部门将原始凭证提交给财务部门；③财务部门审核原始凭证，并编制记账凭证；④账簿登记；⑤部门财务报表编制；⑥财务报表输出；⑦总公司审计清查；⑧总公司汇总，编制总体财务报表。

2. 传统会计流程的缺陷

（1）信息处理的非实时性。一方面，传统会计流程中数据的获取是在业务发生后而不是业务发生时，再加之对获取的会计数据信息进行处理的过程复杂性，导致信息不能被及时处理，造成会计信息的延迟处理。另一方面，由于企业和银行收到结算凭证的时间不一致会产生未达账项，会计账目的数目并不是企业真实的余额数目，这会给信息使用者决策时造成很大的困扰。

（2）会计信息重复存储。传统会计流程中，所获得的原始凭证被作为不同数据文件、账目的共同记账凭证，只不过相互之间记录的明细程度不同，这就导致相同的内容被重复记录、存储，既浪费了大量的存储空间，又无法满足各种会计信息需求者的需要。

（3）信息披露不满足管理需求。首先，完整存储记录一项业务必须包括事件内容、时间、当事人、相关事项和发生地这五个方面的数据。然而，传统的会计流程中只收集这项业务活动中满足编制企业会计报表相关的部分，忽略这项活动的业务信息部分，而被忽略的这部分直接影响管理层的决策，进一步导致披露的会计信息与管理相分离。其次，传统会计流程主要将外部信息用户作为主要信息用户，主要目标是向其提供财务报表。因此，除了固定格式的会计报表外，企业的内部管理人员很难从传统的会计信息系统中获得其他管理所需要的信息，这也导致传统会计摆脱不了对外报告弱于对内报告的困境。

（4）只关注会计数据，数据源受到限制。在传统会计流程的会计信息数据收集过程中，会计人员不完整反映整个经济业务，仅仅关注经济财务数据那一部分，而忽视业务相关信息，导致许多对企业决策者有用的重要信息被忽略，不能记录到会计信息系统中，严重阻碍决策者做出正确决策。另外，传统会计流程中记录的主要是结构化数据，对管理层决策具有更大价值的非结构化数据反而被忽略。

综上，传统的财务流程体系具有许多缺陷：结构过于冗杂、过程过于烦琐；偏重资金流，不能有效反映物流和信息流；重复加工数据，拖累财务管理效率，难以反映真实的业务状况。它已远远不能适应互联网下企业的战略要求，为设计适应互联网环境，并符合此大背景下的企业发展战略，传统的财务流程必须进行再造。

（三）财务流程再造与重构的原则

1. 互联网时代财务流程应实现财务与业务统一

互联网环境下企业财务管理流程有必要消除财务业务活动中的时间差，有效地实现财务管理流程与其他企业管理手段的交互与联动。在互联网环境下的企业财务流程中，企业各部门之间的信息需要相互连接、彼此共享，将从根本上改变财务与业务缺乏沟通、信息反映滞后的现状，通过与其他企业管理手段的协调同步，实现整体的资源优化配置，提升财务管理的工作效率。

2. 互联网时代企业财务流程应实现资金流、信息流、物流三者统一

互联网环境下企业的财务管理流程，理应将资金流、信息流、物流三者统一纳入同一流程当中。资金流、信息流、物流并非独立存在，而是息息相关，且无时无刻不在共同起着作用。首先，任何业务的产生，都会发生资金的流动和使用价值的让渡。因此，资金流是业务发生的标志之一，也是互联网环境下企业财务管理流程的缘起。其次，如果没有物流的保障，资金流并不能有序良性流动，业务也难以正常流转。最后，如果没有信息流进行后台支撑，资金流、物流都无法有效运转，使互联网环境下的企业财务管理进入"掉线"状态。因此，融合三流是互联网环境下企业财务流程应有的特性之一。

3. 互联网时代企业财务流程应该实现时间和空间的统一

传统企业财务流程经过一定程度的会计电算化之后处理速度已经大大提高，并在一定程度上降低了工作量。但是单纯的计算机运用却仍然没有改变传统财务管理远远落后于实际业务发生时间的状况，本质上仍然是对业务结果的静态反映。但是在互联网环境下，业务的产生和信息的产生是实时的，需要企业财务流程实时跟进，实现动态、即时的财务管理。因此，互联网环境下企业财务管理流程应该打破时间、空间的界限，实现二者统一，保证即时、随地的资金流、物流、信息流的顺畅。

4. 互联网时代财务管理应实现"以职能为本"到"以人为本"的转变

人作为生产力中灵活性最高的要素，在进行价值创造和转移的过程中起着至关重要的作用。在过去的传统体制模式中，员工与某一特定岗位挂钩，只考虑该岗位应承担的岗位职责。相应地，对其进行的工作绩效考评也就是针对他在这一岗位上工作效率的考量。这种传统的体制看似稳定，实际上存在隐患，容易造成部门间的扯皮推诿。同时，在这样的体制下，创新不被鼓励，冒险精神和改变的思想容易被定义为没事找事，长此以往，员工的积极性和创造力被消磨殆尽，企业也如同一潭死水。

在企业进行业务流程再造的过程中，企业管理层应注意适当减小部门间的有形分割，加强部门间的联系和沟通，使企业的每个部门乃至每个员工在业务流程中都能最大限度地发挥工作潜能和工作积极性。不同的流程之间也要强调合作。具体到财务流程的再造，企业应注重信息提供者和信息使用者在流程中的重要作用，将企业管理层、库存部门、采购部门等内部利益相关者和债权人、股东等外部利益相关者逐渐增加到财务流程之中，实现财务流程与企业库存管理、采购流程等其他业务流程的合作，最终实现企业目标。

现代企业成功的因素中,人的因素所起到的作用越来越大。在不违背价值规律的前提下,把握好人与人之间的关系、极大地发挥人的主观能动性越来越重要。这样的管理理念就要求现代企业应该再造以人为本的业务流程,建立能够充分发挥个人主观能动性的企业业务体系。基于财务业务一体、多种形式数据整合的协同机制,可以使企业内部各部门之间,企业与客户、供应商之间以最便捷的方式和平台进行沟通。

传统企业财务流程的建设单纯地以职能为中心,忽略了人在建设中的作用。随着互联网时代的到来,信息的传播逐渐呈现碎片化。这时,以不同部门人与人之间的关系为主线,充分发挥"人"的主观能动性和创新精神,重视在执行业务和挖掘价值过程中的关键作用,将关注的重点放在部门内部、不同部门之间的协同上,可以增加信息共享的速度,提高数据生产力。只有实现"以职能为本"到"以人为本"的转变,财务才能更好地应对时代中的不确定因素。

5. 互联网时代财务管理应实现以个人智慧和群体智慧相统一

群体智慧指的是众多个体通过相互协作与竞争而涌现出的共享或群体智慧。融入群体智慧,实现多领域人员的共同参与,扩大参与者的视野,使每一个人都能更好地了解与把握价值驱动下的信息需求,才能完成互联网时代财务管理的任务。群体智慧不是简单的多个个体加总,而是一个不断整合、不断修进的过程。要实现财务流程中以群体智慧为核心的协作,引导群体智慧的形成,要吸引更多的信息提供者、使用者参与到流程中来,全程互动。既将资金的岗位角度融入财务流程中,又不断拓展财务流程,最终形成一个最优解决方案。将群体智慧的结果应用到实践中,对财务流程进行优化,这是对群体智慧有效的检验,在实践中改进工作。

六、互联网时代财务流程创新措施

传统的财务流程包括数据采集流程、数据处理和存储流程以及数据输出流程,在互联网时代对信息价值的挖掘成为人们关注的重点,忽略数据价值挖掘的机会,就意味着失去了在新时代站稳脚跟的资本。所以数据分析也是财务流程的一个重要组成部分。实际上,数据分析可以看作数据输出的一个部分。再造的财务流程包括数据采集、数据加工、数据输出和数据分析四个流程，将数据分析纳入流程，并对其充分关注。

（一）数据采集方面

随着互联网时代的到来，物联网技术发展迅速，它通过信息传感设备将所有物品与互联网连接起来，实现智能化识别和管理。会计流程的再造就是利用物联网技术来采集数据信息，具体应用以下三项重要技术。

1. 传感器技术

其主要特征是能准确传递和检测出某一形态的信息，并将其转换成另一形态的信息。

2. 嵌入式系统技术

嵌入式系统，是一种完全嵌入受控器件内部、为特定应用而设计的专用计算机系统，它在物联网中起到"大脑"的作用。嵌入式系统技术正逐渐在人们的工作和生活中运用，很多人们常见的智能终端都应用该项技术。应用该项技术能高效快速地收集相关会计信息。

3. 射频识别技术

它是一种非接触的、利用射频信号及空间耦合和传输特性进行双向通信，实现对静止或移动物体的自动识别，并进行信息交换、自动识别的实用技术，其通信距离可达10米以上，从而大大提高了采集信息的效率与能力。

（二）数据加工方面

在互联网时代，收集各类信息已不再是难事，对所获取的海量信息的加工分析挖掘才是应该重点关注的问题。应当采用众包模式对数据进行分析加工。传统模式下只有合作关系的各成员面对面进行交流的形式，要将不在相同地方、领域的人在同一时间、地点聚集起来会有很大难度，会计流程中的成员往往分散在不同地方，采用这种形式会大大增加成本。利用互联网众包模式可以解决这个问题，不会受制于时间与地点，而且可以广泛地收集到各种不同领域、不同人的意见。企业会计信息系统主要负责获取不同信息使用者的会计信息，并出具和展示数据分析模型与数据分析报告。财务人员对数据的处理按照传统"原始凭证—记账凭证—账簿—报表"的财务流程进行，这里保留传统账务处理时财务信息使用者对数据（即传统财务报表）的需要，也就是满足会计信息使用者的具体要求，将原始数据利用财务语言进行汇总、加工、登记到记账凭证和账簿上。

（三）数据存储方面

传统会计流程的会计信息系统中处理和存储的主要是结构化信息，而大量的非结构化信息则被排除在外。然而，这些被忽视的非结构化数据里才包含更多对管理决策者有用的信息。因此，在互联网时代，应加强对非结构化数据的重视与分析挖掘。但是，结构化的数据一般都是简单有限的比较容易存储，而非结构化的数据数量巨大且不好存储，互联网时代对非结构化数据的存储成为亟待解决的问题。

1. 分布式文件系统

分布式文件系统指文件系统管理的物理存储资源不一定直接连接在本地节点上，而是通过计算机网络与节点相连。分布式文件系统的设计基于客户机/服务器模式，具有很好的容错性和可扩展性。

2. 分布式 Key/Value 存储引擎

分布式存储引擎层负责处理分布式系统中的各种问题，如数据分布、负载均衡、容错、一致性协议等。分布式存储引擎层支持主键更新、插入、删除、随机读取以及范围查找等操作，数据库功能层构建在分布式存储引擎层之上。

3. 分布式并行数据库系统

分布式并行数据库系统采用了大规模并行数据处理架构，是一种无共享的分布式并行数据库系统。主节点上存储数据信息的元数据，而在多个从节点上存储被存储信息。而且，其他从节点上也备份了存储数据，系统容错性大大提高。将所有原始数据及加工后的数据存储到大数据存储系统中。数据具有规模大、结构多样的特点，它的存储向现有的数据存储提出了挑战。

（四）数据输出方面

为了更有利于管理决策者有效决策，会计人员不仅要提供财务信息，更应该披露相关的业务信息，做到财务业务一体化。会计人员将大量的业务数据进行整理、加工及分析，使之成为有利于决策者决策的形式，存储在财务数据库中。在数据输出方面更要重视的问题应该是结构化与非结构化的数据输出方式的不同。

1. 结构化数据

针对结构化数据，会计人员设计一套专门的输出规则并提供给信息使用者，使用者根据设计好的规则获取数据。比如，会计人员会针对不同项目设计不同规则，信息使用者根据自身的需要，运用相应的规则获取所需的会计信息。

2. 非结构化数据

根据上面的数据存储原则，针对非结构化数据，将元数据存储在主节点上，而被存储数据存储在从节点上，因此，信息使用者在查找信息时只要通过会计信息系统搜索相应的关键词，其与主节点存储的元数据对应后就可显示相关数据。互联网时代的到来给各行各业都带来了巨大的冲击，传统的会计流程已不能满足互联网时代管理者的决策需求，只有会计流程再造才能满足会计信息使用者的需求，让会计行业在这场浪潮中立于不败之地。

（五）数据分析

互联网时代对大数据的分析显得尤为重要，如何从结构复杂、数量庞大的大数据中充分挖掘信息成为一个提高企业竞争力的重要问题。在新时代中，财务人员只干核算而不扩大视野，就会被时代所淘汰。互联网时代的财务人员不应只停留在提供会计信息层面，更应该具备一种全面管理的视角，为信息使用者的分析、决策提供一定的支持。

互联网时代，随着数据量的增多和结构的复杂化，不同的人在对财务数据进行分析的时候会有不同的偏重，而且很难做到全面的分析与挖掘。然而，如果将分析人员从财务人员扩大为全部能够接触企业财务数据的人，那么即使是每个人都有自己的偏重，所有人的分析结果汇总起来的覆盖面也将会广得多，其中的大数据价值将会得到更充分的挖掘，这就是众包价值的一种体现。众包是群体智慧的一种表现形式，也是目前最流行的一种形式。

1. 众包的定义

"众包"（crowdsourcing）这一概念最早是在2006年6月由杰夫·豪提出，他在维基百科上为众包下了一个定义："众包指企事业单位、机构乃至个人把过去由员工执行的工作任务，以自由自愿的形式外包给非特定的社会大众群体解决或承担的做法。"通常情况下，众包这种形式的实现依附于越来越强大的互联网。通俗地讲，众包就是通过互联网将分布在各地具备不同知识、背景和经验的不特定个体联结起来共同解决某个问题的组织方式。在众包中，企业将本来属于组织内部某个或某些特定员工的任务外包给数量庞大的大众。大众的选择不是特定的,更多是以自由意愿的形式参加。

众包根植于一个重要的假设:每个人都拥有独特的知识或才华,而且这些知识与才华对别人是有价值的,众包承担起桥梁连接的作用,将有价值的知识和有才华的人联系起来。每个人都有自己的想法、认知和才能。自然创造出每个人的特性,这种独特性存在于众多人中时,便形成多样化,所有人加起来便有了巨大的能力和才华。这种多样化使企业开始意识到众包的巨大力量,这种力量就是隐藏在众多个人背后的巨大商业潜力。

由于用户越来越多样化的信息需求,对财务数据的价值分析也变得更加碎片化,这对财务工作提出更大的挑战。在传统的财务分析中,企业仅通过财务人员进行相关分析,而忽视了其他人员的力量和才华。而信息使用者创新将成为大数据分析的主流趋势。在这种趋势下,因为各自机构文化和思维惯性的差异,内部智力资源和外部智力资源碰撞便会产生意想不到的效果,这为在互联网时代充分挖掘大数据中的价值提供了坚实的理论基础。

2. 众包构建数据分析模型工具

为了更好地实现财务管理的价值,财务人员在提供财务信息之外,还应提供专业的分析工具。通过可视化的互动模型,增加使用者的用户体验,让信息使用者能够根据自己的需求对财务信息进行进一步的加工与分析,从而满足个性化的信息需求。利用群体构建数据分析模型,是众包理论在模型构建上的一个应用。在群体构建数据分析模型的过程中,众包的主体是与财务流程相关的能获取企业相关财务数据并以之支持决策的人,包括信息提供者、财务人员、信息使用者等。这些人根据自己的需求进行财务分析往往会需要不同的数据分析模型。前面提到,众包的基本原则就是每个人都拥有对别人有价值的知识和能力,在此原则下,他们会根据自己的需求构造不同的分析模型供自己决策。

互联网时代,因为数据多种多样,所以单一的数据分析模型难以适应大数据价值挖掘的要求,而通过众包,利用群体智慧则可以创造大量有用的分析模型来满足需要。企业在意识到这种众包力量后,为了能够最大化地挖掘自己企业中大数据的价值,应当对互联网时代财务管理开展创新研究,并采取一定的措施,鼓励大众积极地根据各自的需求开发用以分析大数据的模型,并将模型放在开放的平台上,模型开发者不断改进,供数据者用以分析数据。

3. 众包进行数据价值挖掘

有了群体构建的众多满足不同需求的数据分析模型后,便是进行数据挖掘。个人或者团体囿于知识、经验和思想,对同一个问题的理解难免会有一定的局限性,理解的深度和广度也难以加强,而群体可以弥补个人思考问题的局限,从而进行全面的分析。所以,对于丰富的大数据分析,众包可以充分挖掘大数据中的价值。

在利用众包进行数据价值挖掘的过程中,财务流程中的每个人根据自己的权限从信息系统中获得相应的数据,通过信息平台中提供的决策模型或者自己创新的适合自己需要的决策模型进行数据分析,而每个人的数据分析需求及偏重虽然具有重合性,但更多的是个性化。在对自己所需要的信息进行分析后,分析人会生成自己的财务分析报告及观点,再将其输入企业财务信息平台中。不同分析者会生成不同的报告,提出不同的观点与建议,通过信息平台对这些不同观点的整合以及财务人员对不同观点的评价,企业系统中就会有覆盖面广泛、汇集大量有价值的数据得到最大挖掘。

4. 财务流程各环节相互影响、共享互动

新型财务流程在实现数据的收集、加工、分析和输出的同时,还需要流程中各环节的共享互动及反馈。在信息平台上,信息使用者通过对决策结果的反馈,将对信息的评价和需求满足情况在平台中反映出来,与其他成员沟通,以最大化满足自己的需求。财务人员就信息使用者的反馈与信息使用者、信息提供者进行沟通,交流信息提供者是否应该对所提供的业务数据进行改进及其需求是否难以实现而寻找一个折中的办法。同时就实现这种开放形式的财务工作中遇到的问题展开讨论,积极听取其他各方的见解,并根据其中合理的反馈对财务工作进行优化。信息提供者根据财务人员信息使用者和专家对业务数据的反馈和讨论,可以发现业务优化的方向,同时改进在业务数据库中提供的数据。在流程运作过程中,面对因涉及多方面而难以解决的问题,可以引进外部专家,外部专家则根据自己的经验和知识从客观的角度对其他成员进行调节,回答其他成员的专业化问题,对流程的优化和平台的设计提供专业化建议等。

(六)互联网时代财务流程再造案例——海尔公司

1. 海尔公司概况

海尔成立于1984年,历经三十余年的努力前行,创造了从负债累累甚至

要破产的企业，逆袭成为寰球白色家电第一品牌的奇迹。海尔自成立以来始终立足于创新的家电行业模式。在发展的过程中，随着内外部环境的改变不断地追求变革，业务领域不断被拓宽，生活模式不断被颠覆，新的思路不断被提供，为了引领时代的潮流，不断寻求新的解决方法。截至 2016 年 12 月，海尔实现寰球总销售额达到 2016 亿元，较同期增长 6.8%，创造了 203 亿元的利润规模，同比增长 12.8%。海尔公司在全球范围内已有 17 个国家建立了子公司，旗下员工规模达到 7 万多名，世界范围内有一百多个国家和地区有其产品的推广与销售，海尔在全球的品牌价值也越来越大。2016 年，海尔作为中国企业第五位位列于全球五百强品牌价值中。

作为世界上白色家电行业中一家赫赫有名企业，海尔的自身文化具有极强的特点。海尔文化的第一个特色是具备"世界上无成功的企业，唯有时代的企业"的想法。海尔所追求的目标就是要树立百年品牌，其认为要想企业得到长远稳健的发展，企业自身的文化必须具备鲜明的特点，为海尔战略方案施行提供坚强的后盾保障。海尔另外的一个文化特色是"客户永远是对的，只可能是自己错了"的是非观，这种非一般的观念让海尔能更好地为顾客服务，始终将满足顾客需求作为重中之重的同时，创造客户新的诉求。

总之，自创立以来，满足客户多样化的需求始终是海尔促进企业长久稳健发展的创新思维。通过品牌、渠道网络建设以及技术研发和业务流程等方面的持续改进变革，公司得以形成迎合时代战略变化的企业核心竞争力，跨越式地实现了自身的持久性、健康性发展，造就了当今海尔在品牌、产品、技术、平台、管理、文化等方面的强项与独特性，使得海尔能维持飞速健康的成长势头。

2. 互联网时代海尔面临的行业现状与特点

（1）面临范围更广的竞争者和顾客。由于信息处理、数据通信技术和运输业的不发达，20 世纪 80 年代以前，一般的企业都只在自己的国家、地区、甚至城市内开展业务，而不必去考虑来自城市之外、地区之外甚至国家之外的竞争者的威胁。随着信息技术特别是国际互联网技术的应用和发展，世界范围内时间和空间的距离大大缩短。企业的经营都将受到国际市场变化的影响，竞争已不再受地理区域的限制。每个企业都可以和世界上任何一个实体竞争，无论对手在地理上处于什么位置。消费者获取信息的途径也越来越多，他们可以在任何地方以最低的价格买到最好的产品，无论这个产品是在何处生产或是在何处销售的。因此，随着互联网的发展，企业面临的竞争者和顾客的范围越来越广。

（2）市场竞争加剧，竞争的基础和层面多样化。随着互联网的不断延伸与发展，世界范围内的市场竞争愈演愈烈。不仅竞争的广度、强度在增加，竞争的类型也变得多种多样。同一种商品在不同的市场上可以用不同的方式竞争。在某一个市场上它可以以价格取胜，在第二个市场上又可以以多样性取胜，在第三个市场上还可以以品质或优质服务取胜。以前，企业生产的产品只要有特点就能有效地参与竞争，而现代企业的竞争除了传统的产品和服务品质、性能和价格外，更主要的是注重质量、速度、创新。

（3）顾客需求多样化，需求变化频率加快。在短缺经济、产品供不应求的情况下，尽管顾客对厂家提供的产品或服务并不满意，但他们几乎没有选择。顾客之所以表现出强烈的需求或购买欲望，是由于过去他们并不知道还有更好、更多可供选择的产品或服务。今天，顾客有越来越多的选择，他们完全可以根据自己的需求来选择商品或服务。过去那种大批量市场被打破，分割成越来越小的顾客群，甚至单个顾客。在供求关系的天平上，供应者一方遍及世界各地，而作为需求者一方，顾客可以方便地获得充分的信息。由于顾客可选择的越来越多，他们对产品和服务的要求也越来越挑剔。每个顾客都期望得到特别为他设计的产品和服务。随着顾客需求变化频率加快，产品的寿命周期也相应缩短。

（4）变化成为普遍的、持久的、常规的现象。互联网带给我们的是一个前所未有的变化的世界，以信息技术为代表的技术进步越来越快，由此而引发的相关技术和产品的生命周期越来越短。一项新技术或产品的出现在短时间内可以传遍全球，并引发一系列连锁反应。技术在快速发展，产品和服务在不断改进，顾客需求在变化，竞争在加剧。因此，变化本身已成为一种普遍的、持续的、常规的现象。过去企业所处的那个相对稳定的经营环境一去不复返了，旧的运行机制和组织体制已不能适应当前的环境，企业必须不断地创新才能在变化的环境中成长和发展。顾客需求瞬息万变、技术创新不断加速、产品生命周期不断缩短、市场竞争日趋激烈，这些构成了影响现代企业生存与发展的四股力量。企业所处的商业环境的变化促使企业不得不重新审视自己的行为，思考并改变自己的运作方式。

3. 互联网时代海尔企业战略概述

海尔成立三十余年来，经历了不同的时代，在不同的时代背景下制定了不同战略。总体上经过了名牌战略、多元化战略、国际化战略和全球化品牌战略四个发展阶段，具体如表2-1所示。2012年12月，海尔集团宣布进入网络化战略阶段的第五个发展阶段，海尔的重点更是要满足互联网下消费者个性化、多变性需求，创造出独特的产品与服务。

表2-1 海尔公司战略简图

战略阶段	时代机遇	海尔做法
名牌战略发展阶段（1984—1991）：要么不干，要干就干第一	国家实行改革开放	没有盲目抓产量，而是严抓质量
多元化战略发展阶段（1991—1998）：海尔文化激活"休克鱼"	国家鼓励兼并重组	兼并国内多家家电企业
国际化战略发展阶段（1998—2005）：产品批量销往全球主要经济区域市场	互联网的发展	以用户为中心卖服务
全球化品牌战略发展阶段（2005—2012年）：创造互联网时代的全球化品牌	互联网的发展	建立海外经销网络
网络化战略发展阶段（2012年至今）：网络化的市场，网络化的企业	互联网的发展	互联网时代的平台型企业

21世纪以后，随着互联网时代的到来，用户的需求变得个性化，传统的营销模式从生产到库存到销售已经远远无法满足顾客多样化需求，市场营销的主体不再是单纯的产品本身而是服务用户，用户的需求是企业的服务驱动因素，这显然是一种全新的完全颠覆传统的模式。互联网时代下新模式的实施和运行主要体现在网络化上，传统的经营模式被彻底颠覆了，市场和企业在发展的过程中呈现出更多的网络功能以满足新时代的需求。网络的发展也大大加速了世界经济一体化的进程。从表2-1中可见，海尔在此环境下适时调整理论企业战略，充分利用互联网发展全球化战略，提出网络化战略，一切以用户为中心，将自身建成平台型企业。互联网环境下海尔始终坚持依靠网络的企业发展战略，主要体现互联网时代下企业的边界被打破，没有任何阻碍，企业要打造新的平台，建设新的业务流程，从而打破传统的界限，只需通过相关链接，便可直接与优秀的公司员工对接，不会再有明确的上下级

领导关系，颠覆传统的垂直型的层级关系，从而及时向用户反馈，直接服务于用户。此外要根据不同用户的诉求，有针对性地设计、生产、供应和配送，一改以往大规模粗线条的生产供应。总而言之，要快且准地满足用户需求，使得用户体验达到极致。

4. 互联网时代海尔企业战略对财务管理的要求

从图 2-1 可以看出，在互联网时代下，海尔的战略是财务管理部门被要求在经营活动中扮演着多重角色。第一是决策支持者，集团希望财务部门通过财务信息和分析预测为集团战略的制定提供决策支持，这种支持主要是通过全面预算实现的。第二是交易处理者，海尔财务承担了大量的交易处理工作，差不多每个业务流程都需要财务部门参与处理。第三是经营单元的合作伙伴，集团希望每个经营单元的财务部门都成为这个单元经营者的合作伙伴，引导他们按照集团的战略来运营，并提供财务领域的支持。第四是业务监督者，通过内部控制和业绩评价来监督企业业务活动。海尔的财务管理部门的职能可以概括为几类。

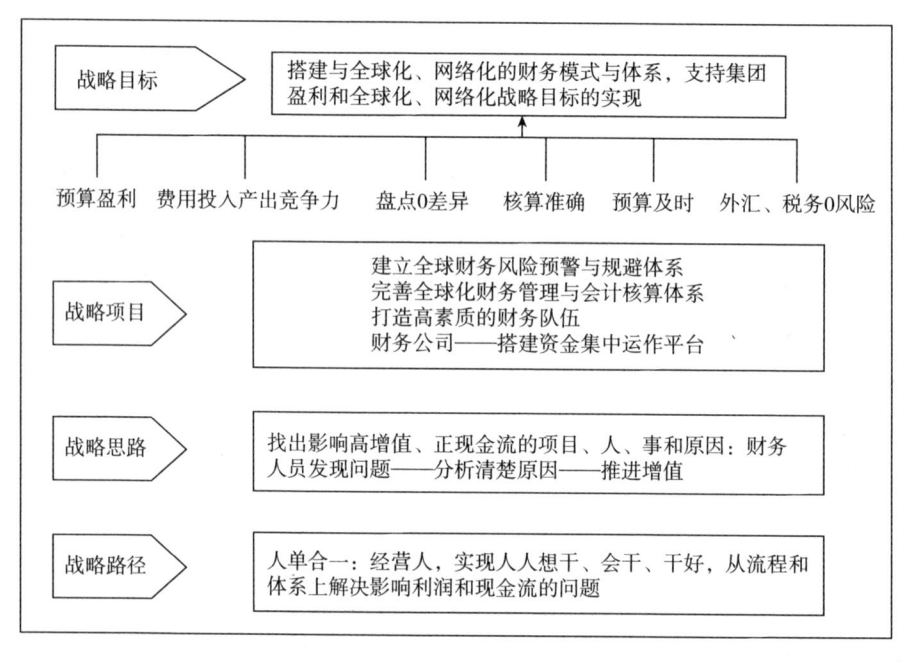

战略目标	搭建与全球化、网络化的财务模式与体系，支持集团盈利和全球化、网络化战略目标的实现
	预算盈利　费用投入产出竞争力　盘点0差异　核算准确　预算及时　外汇、税务0风险
战略项目	建立全球财务风险预警与规避体系 完善全球化财务管理与会计核算体系 打造高素质的财务队伍 财务公司——搭建资金集中运作平台
战略思路	找出影响高增值、正现金流的项目、人、事和原因：财务人员发现问题——分析清楚原因——推进增值
战略路径	人单合一：经营人，实现人人想干、会干、干好，从流程和体系上解决影响利润和现金流的问题

图 2-1　互联网时代海尔公司战略体系

（1）决策支持与资源配置职能。如何确定有竞争力的目标预算并组织将这个预算落实到每个SBU，在具体经营中通过各种资源配置手段保证目标预算的执行。通过对财务数据的分析，发现造成运营与预算偏差的问题，向各级经营者提出相关措施，并监控这些措施的执行，这个过程是动态的、循环的。

（2）信息服务职能。通过单据、凭证等形式从企业其他业务活动中收集相应的业务数据，通过会计处理等手段将其转化为会计信息并汇总，最终提供企业其他业务活动所需要的财务信息。由于海尔内部组织复杂、数据定义不一等，财务部门要做大量的合并、数据解析才能提供管理层面的财务报告。

（3）交易处理职能。海尔的财务部门承担了大量的交易处理工作，基本上每个业务流程都需要财务部门的参与才能正常运行。海尔流程再造以来一直强调以客户为中心，所有的业务流程都是为客户服务的，财务部门也必然要参与到这些流程中去。此外，由于财务数据对及时性的需要，为了使财务信息更及时地反应业务的真实状态，海尔的财务部门也因此要深入业务处理的每个环节。

（4）内部控制职能。为了尽量避免风险和舞弊造成的损失，海尔内部财务应能够及时发现、报告并制止业务过程中的风险和舞弊。这就要求财务人员本身具备风险识别与风险防范技能。此外，还要处理好内控与服务的和谐统一问题。

5. 海尔公司财务流程再造前的状况

在海尔财务流程再造前原有的财务流程图中，具体如图2-2所示，虽然在整个集团财务管理层面有预算管理、资金管理、税务、内审等专业财务部门，但财务的大部分职能是通过财务部及其所属的本部、事业部财务部执行的。财务部要同时负责处理法人公司、内部管理的财务信息，极易产生混乱。虽然存在统一的处理规范，但这种分散、独立的操作即使在一个本部的各个事业部之间也不能保证会计处理的一致性。

在会计处理流程上，海尔的财务部虽然已经将信息和网络技术运用到财务管理的过程中，但各个模块之间还是各自为营、零散作战，并未将各个业务部门之间统一协调起来，真正实现业务数据的集成，每月需要花费大量的人力物力实行手工对账，过程烦琐冗杂，工作量大，费时费力。

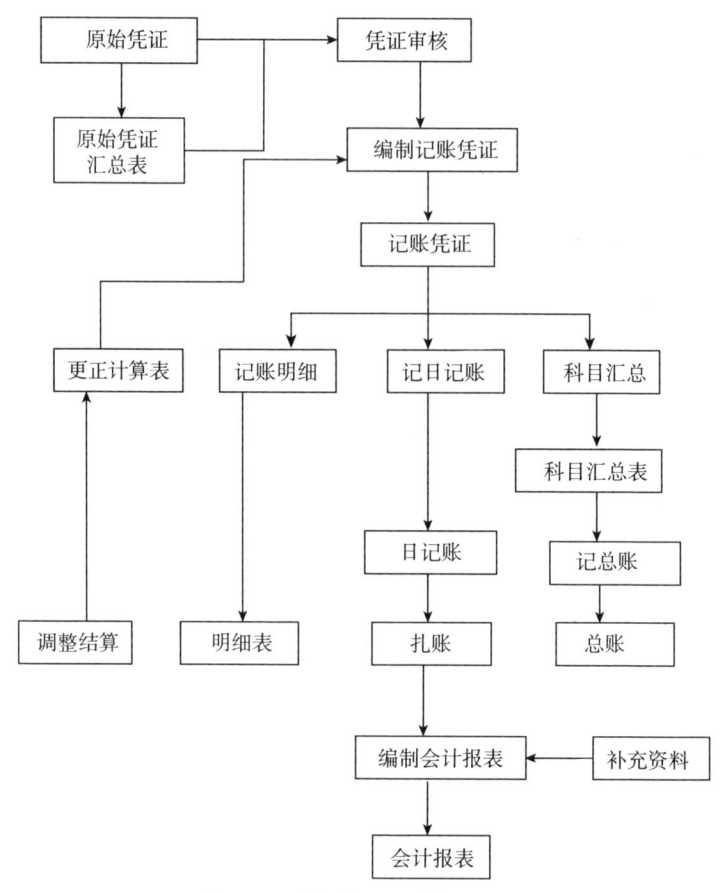

图 2-2　海尔公司原财务流程图

在预算流程上，海尔只是简单地根据年度预算的目标自上而下分解预算数据的预算体系，是一种静态的预算体系、一种事后监督，具体如图 2-3 所示。

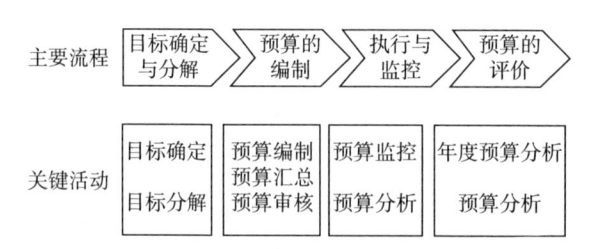

图 2-3　海尔公司原有预算流程图

(1) 专注于传统的会计核算与记录。在财务流程再造前,海尔的财务和其他部门差别化选取计算机系统,甚至相同的部门中利用的计算机系统也大相径庭,不得不投入大量的财务资源去寻找并消除这个差异,导致财务体系中90%只是在从事交易处理工作。此外,即使海尔财务有统一的会计处理准则,实际业务处置的分开性、独立性还是使得所谓的标准都得不到有效的利用,过多的资源集中在会计的记录上,会计信息的质量不高。

(2) 专注于企业内部。海尔原有的财务管理经常忽略对企业外部经济环境和竞争对手的了解,过分专注于企业内部导致财务的考察展望职能、预算与资源配置的职能得不到有效施展,缺少对行规和其他竞争者等信息的了解,企业在编制预算和制定规划时,不得不只能与自身对比。

(3) 专注于静态的滞后的信息反馈。海尔的财务自公司创立以来,就需要进行大量的财务报告和财务分析,但这些财务报告和分析有一个很严重的问题:主要是针对已经发生的财务信息进行的,关注的是企业过去发生了什么,是什么原因导致的。

(4) 相对独立的企业运营。这种模式主要表现在以下三个方面:首先,海尔财务流程再造前的预算目标往往是分解式的,与业务实际情况差得很远,财务的预算与业务部门的工作预案不能协同,使得资源配置不能支撑企业运营;其次,流程再造前海尔的财务人员以核算型为主,而缺乏税收筹划、预算、内控、资金、外汇管理、全面预算等专业功能型财务人才,在专业领域内财务对企业运营的支持差;最后,分段式的财务管理,由于销售、采购等环节被整合在不同的部门管理,而财务部门又是按照部门架构设置的,无法从集团整体的价值链上进行财务管理和财务支持。

6. 互联网时代海尔财务流程产生的问题

传统财务处理流程的不统一、层层分离、程序烦琐等特征远远不能满足互联网环境下海尔战略对企业财务职能、定位的具体要求,弊病如下。

(1) 难以满足信息化的需求。互联网时代可以说是一个信息时代,信息的收集对于一个企业的生死存亡有着至关重要的作用。互联网环境下的企业的整个业务活动过程包含物流、资金流和信息流三个方面,但是因为传统的海尔财务体系各部门过于专注业务过程中的某一小部分,更关注企业的资金流而忽视了对大量信息的管理。这种流程的实施不仅在一定程度上加大了流程实施的环节,而且还会使得财务信息与其他部门信息之间出现信息障碍、严重差异化或信息相同化、重复存储等现象。这种会计流程一般情况下可以得到反映企业的资产负债、盈利和存款的会计报表，但是由于获取信息的渠道过于狭窄，反映出来的信息种类远远无法满足管理层对更多层次、更多角度财务管理信息的需求。总之，海尔传统的财务流程，无法满足信息时代管理的需要。

（2）难以满足实时控制的需求。互联网时代即信息时代，财务信息的数量庞大，对财务信息的有用性和控制力度也提出了更高要求。然而在海尔传统的财务流程模式里，由于各部门的分割性，能够反映出资金流的信息常常会落后于诸如企业物流信息等其他信息，使得财务管理者想在流程中集中自己想要的有用信息变得困难，使得企业信息资源不能得到综合的管理，导致企业的流程功效得不到有效的发挥。此外，财务管理采纳的事后控制的方式也加剧了此种恶况。总的说来，原有财务流程中各方面信息的滞后，远远不能适应互联网环境下对企业及时控制的需求。

（3）难以满足信息共享需求。财务管理部门想要有效地开展工作，自身的管理系统应能有效地集成企业信息，就需要企业生产、人力、销售等各部门的配合。企业信息资源欠缺，数据不真实、信息资源不能有效共享以及部门间不良竞争都会加剧财务部门得到完善财务数据的难度。海尔传统的财务组织将完整的财务流程进行分割，由不同的部门负责，此外与其他诸如生产等部门之间也没有进行有效沟通，形成了各自分散的信息系统，使得信息不能得到有效共享。有些业务是需要各部门之间相互协调配合的，这种特征在互联网环境下更加突出，当流程中出现交叉或者无人负责的空白区域时，部门间互相推诿或多头管理的现象就会应运而生，导致信息的共享更加难以实现。

7. 互联网环境下海尔财务流程再造的设计

财务流程再造需要从观念、目标、职能、组织、运营等全方位进行转型，是一项浩大复杂的工程。海尔在互联网环境下的财务流程再造的具体措施很多，鉴于篇幅有限，笔者根据前文对财务流程再造的定义，还有财务战略流程、财务运营流程及财务保障流程三方面选取了较为重要的部分进行阐述：

（1）海尔财务管理目的的重塑。在互联网时代环境下，海尔在新的企业经营理念下，企业战略发生了重大变化。2006年提出全球化品牌战略，2012年直接提出了网络化的发展战略。为适应企业战略的转变，海尔的财务管理目标必须有所转变。组织的目标决定了组织的行为，所以在转型前要先确定海尔财务组织的目标，并依据这个目标来进行组织流程再造的行为。2008年至2010年，海尔财务目标经历互联网战略下财务流程再造后，从海尔三年的财务管理的目标看，其实质一脉相承，展现了转型愿景：其一，财务管理的目标是支持公司在互联网环境下企业战略的实现，这个目标决定了海尔的财务管理必将随着海尔的战略重心的变化而变化；其二，财务管理追求价值最大化，实现企业、用户、客户、员工的多赢，支持人单合一的双赢；其三，建立以预算为中心的财务管理体系，要建立全面预算体系。

总的来说，为了适应企业新的发展战略，海尔财务的目的已转变成寻求价值最大化，伴随着变革的不断加深，这种价值最大化逐渐拓宽到实现企业自身、顾客、员工等多方利益的共赢上，在前文分析的互联网环境下，海尔财务战略对企业财务的职能与定位要求相符。

（2）财务运营流程再造的设计。海尔根据集团的总体战略规划，为了解决传统财务流程下处理会计信息的分散化，建立了财务共享服务中心。海尔的财务共享中心主要涉及两大模块，具体如图2-4所示：会计平台和资金平台。其中资金平台主要负责处理关于金融风险、资本运转和投融资平台管理的工作，将关注点主要放在现金与营运资金管理上；而会计平台的主要职责是对会计交易事项进行核算处理。目前，在海尔财务共享模型中施行分享的范围大体囊括费用稽核、总账报表、往来清账、税务申报、资产核算等十多个大板块。此平台上的员工有着清晰的岗位职能与权限认识，依据自身的业务效率确定岗位及编制，将此平台转换成一个自由的、有明确职责划分的、专业性强的高端的财务核算组织，达到各流程顺畅运作。此外，在财务核算流程上，海尔建立了统一规范的流程，有效地实现了核算流程的一致，如图2-5所示。

海尔财务共享中心实现了会计的动态统一核算与管理，当财务信息流与业务流一体化之后，各种业务信息可随时获取、全面共享，这时的财务会计不再是传统的事后核算，它是一种由"静态"向"动态"转化的过程，在整个业务的发生过程中，可实施连续性的监管，降低了业务处理信息不足风险；此外加强了部门间合作，实现信息共享，消除了各部门因信息的不完整、不统一而做出相互矛盾的决策的可能，每个部门从全局、整体的角度考虑，模糊彼此间的界限，加强相互之间的合作，统一战略，做出更加高效的决策。

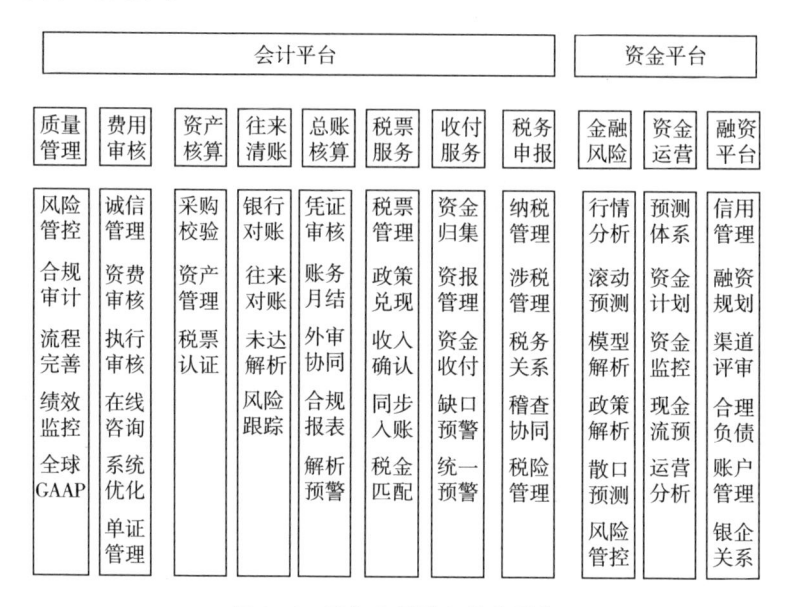

会计平台								资金平台		
质量管理	费用审核	资产核算	往来清账	总账核算	税票服务	收付服务	税务申报	金融风险	资金运营	融资平台
风险管控 合规审计 流程完善 绩效监控 全球GAAP	诚信管理 资费审核 执行审核 在线咨询 系统优化 单证管理	采购校验 资产管理 税票认证	银行对账 往来对账 未达解析 风险跟踪	凭证审核 账务月结 外审协同 合规报表 解析预警	税票管理 政策兑现 收入确认 同步入账 税金匹配	资金归集 资报管理 资金收付 缺口预警 统一预警	纳税管理 涉税管理 税务关系 稽查协同 税险管理	行情分析 滚动预测 模型解析 政策解析 散口预测 风险管控	预测体系 资金计划 资金监控 现金流预 运营分析	信用管理 融资规划 渠道评审 合理负债 账户管理 银企关系

图 2-4 海尔公司财务共享平台

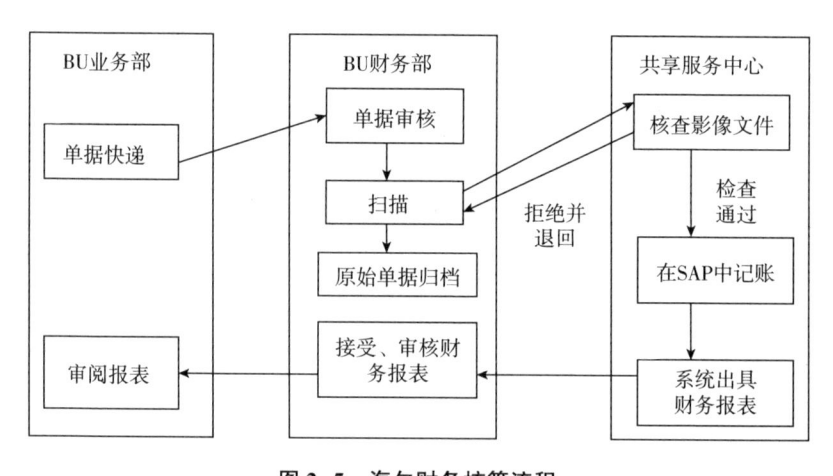

图 2-5 海尔财务核算流程

（3）预算管理流程再造。海尔在新的互联网时代，结合时代特色再造了预算管理流程，如图 2-6 所示。整个预算体系是以企业战略目标为起点，以 KPI 和 PBC 为衡量标准，围绕着组织和流程，通过逐步分割企业的战略目标并设计相应配套的模型，一步一步实现预算编制、控制和考核，并最终回到预算目标的循环过程。

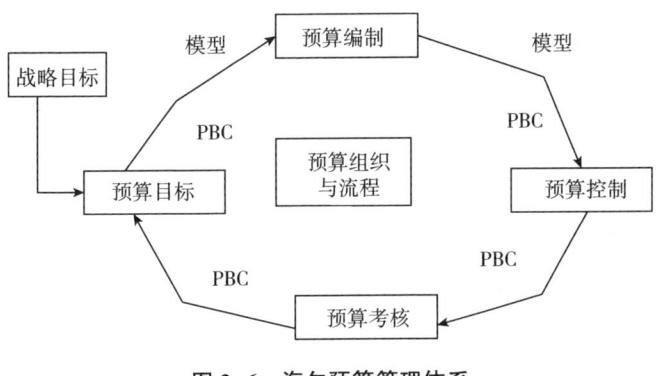

图 2-6 海尔预算管理体系

海尔为实现"事前算赢、预时零差"的预算管理目标，创新原有简单的自上而下分解预算数据的预算体系。形成了"三预"的预算管理信息化系统。"三预"即事前算赢、事中调赢、事后双赢，形成预算、执行、绩效和激励全流程闭环优化的体系。事前算赢主要是算赢有竞争力的目标以及达成目标的资源、团队和路径，保证目标的达成；事中调赢主要是指滚动预测、动态优化、持续创新等应对市场变化，支持目标的实现；事后双赢主要是实现用户、员工、企业、合作方等利益相关者的价值共赢。与传统预算的静态反馈、控制和评价不同，全面预算的控制体系以滚动预测为主要的预测控制手段，明确在主要的预算项目执行中的各个控制点、标准以及责任，建立以滚动预测为核心的经营绩效。

海尔集团实行回顾分析体系，每月月初进行当季范围内的月度预测，每季度初期进行未来季度的季度预测。这种动态的预算系统随时整合跨国跨地区的工厂信息，不断调整预算方案，保证了预算的完整性和持续性，减少了预算和实际的误差，有利于企业作出正确决策。

为了预算的顺利进行，海尔还建立了预算组织体系即集团预算管理委员会，该体系明确界定了各组织的责任与权力，有利于预算决策的顺利开展。集团的预算组织可分为集团、FU、BU、PL、工厂以及区域五大层面，其中预算管理委员会是海尔集团的审批决策机构，主要是领导、监督和指导集团下属公司的全面预算管理；BU 预算管理，BU 是承接战略、分解目标、统筹资源和分析考核的一个预算经营体；PL 预算组织，PL 本部、各部门及下属工厂是 PL 预算编制单位。

在全面的预算考核体系中，海尔将对企业内部各级预算的最终执行结果进行考核和评价，考核的指标要素包括承接战略、职责清晰、控制有效以及覆盖全面等。全面预算的建立和管理是企业战略目标与运行结果的一个衔接，是企业绩效管理的一个核心载体，通过对预算的考核可以发现实际运营结果与预算的偏差，并发现和解决问题，对于下一期的工作和经营活动的改善具有重要的作用。

(4) 营运资本流程再造。在互联网时代背景下，海尔根据实际情况研究总结：企业战略的转型必须具备两个条件，零库存下的即需即供是其必要前提；"零距离下的虚实网融合"是其充分条件。这两个关于零的条件是达成零营运资本目标的不容忽视的条件和基础，海尔为实现战略的转型，做出了如下方面的努力。

第一，零库存下的即需即供。关于零库存下的即需即供模式，站在不同的角度看有不同的要求。从顾客视角出发，就是在最短的时间内迎合客户的需求，缺货与压货的情况不存在；从企业的角度看，则是要严格根据订单生产，及时生产，反而可以实现零库存。为此，海尔从原材料采购到最后对成品的物流配送方面都进行了流程再造。

在原材料采购上，一方面，海尔的供应商严格利用海尔门户网站上反映的企业需求，并结合当下的市场环境对需求进行大致的预测，确保其可以满足海尔的供货需求；另一方面，当海尔收到客户的订单时，对原材料的采购需求就会同步生成并到达供应商手中，供应商只需实时地将这些原材料配送到海尔装配线上即可。

在生产上，供应链前端的优化整合，海尔的供应商依据高度可靠的订单使得自身的生产规模迎合市场需求，坚持与海尔生产线保持一致的节奏，实时地将海尔所需的原材料与产品送达，而且实现了最低化生产与商业库存，大大缩短了生产环节在整个供应链流程上的相应时间。在物流配送上，当商品制造完成后，不同于传统经济模式下马上进入企业的仓库，海尔将商品直接配送至全国配送站点再中转到客户，高度简化整个配送系统的中间环节，极大缩短了配送时间，使产成品到达零售终端的速度大大提升。近年来，随着互联网的深入发展，为了长久的立足于互联网时代，海尔对其营运资金的流程也在不断地改进、优化，例如在物流配送流程上又进行了革命性的创新，创建了"车小微"平台，客户在网上下订单后，信息会实时被传送到区域中的物流人员，海尔的配送人员就通过此平台进行抢单。客户的产品满意是该订单成功完成的标准，该平台上的配送人员收入的两个重要指标就是：抢单量和顾客满意度。

总而言之，海尔的零库存流程再造的成功是通过急速反映并满足用户订单需求的速度来消灭库存空间与库存占用成本而实现的，说到底就是用时间差消灭了空间的距离。海尔以按单生产为基本准则，通过及时采购、及时制造、及时制配打通供应链的各环节，把整个流程变成一条流动的河，不断地流动，取得了较大的成效。

第二，零应收、推迟应付。应收项目作为营业资金中重要的组成部分。在企业应收账款上，海尔在国内主要采用现款现货政策，在海外选用保理工具，借助自身的国际市场，加快海外市场销售的资金回收。此外，在国内市场，海尔借助与银行合作，充分利用银行的承兑汇票来增加公司应收账款的到账率，及时变现。应付项目同样作为营业资金中不容忽视的组成部分，海尔主要是推迟应付账款的支付时间，充分利用银行付款保函，拖延了应付账款的结算周期。

2006—2014年，海尔应收账款周转期和应付账款周转期大体上保持平稳的上涨态势。应付账款周转期增长明显，不可否认，这与上文分析的以供应链为纽带的全流程营运资金及应付账款上采取的付款保函和进口押汇的策略息息相关。仅看海尔在"应收账款周转期"项下的数字，海尔的营运资金管理绩效是在下落的，但实际上却在增加销售收入的同时保证了应收账款的回款率，提高了营运资金管理的绩效水平。但也不得不承认，应收账款仍有持续改进的空间。

第三，提升现金管理效率。现金的管理是海尔在营运资金流程再造过程中不容忽视的另一个关键点。在资金的结算上，海尔财务流程再造前，为了保证对客户的收款能够及时入账工作的顺利完成，海尔在每个区域中心必须配备1~2名出纳。在互联网环境下，空间上的联系变得轻而易举，同时结合资金自身的属性，常常会出现财务资源配置不合理的情况，这使过多的财务资源被消耗，客户的满意度也因此大打折扣。海尔为了达到提升资金结算效率的目的，利用互联网固有的优势与特征，创造性地推出了云抢单机制。该机制的大体原理是：借助互联网的云平台建立一个订单池，云平台下的所有订单池信息对所有的员工是开放的，为了让客户的款项及时入账，海尔允许每个员工都可以在此平台中抢单完成。据悉海尔在财务流程再造前原先总共有 62 个出纳负责客户款项的入账，而在云抢单机制推出后，仅仅只需要 3 个人就代替了原来 62 个人的工作。这对于海尔在资金方面的结算速度、海尔人工和运作费用有着显著的提高作用。

此外，海尔创建了世界化的资金日结算模式，该模式会依据企业每天的订单诸如账面价值、时间等内容，把所需的结算预算额按天核算出来，甚至资金由于订单的流转所占用的时间都能被预算出来，从而计算出一个适当的结算周期。另外，海尔为了规避资金风险，还构建了资金池。境内在岸资金池储放所有国内的银行账户，鉴于国外的约束和多国业务往来等问题，跨区域的多个离岸资金池在国外应运而生。海尔借助两者之间的差异与联系，综合汇率风险，使得资金池中的现金得到最大程度的使用。资金池的聚集性管理，能帮助企业把更多的现金用于重要的环节上，不仅降低了资金的使用成本，而且巧妙地使得外汇、利率风险降到最低，一举多得。

（5）财务保障流程再造的设计。①建立"扁平化"的财务组织机构。在互联网环境下，企业的战略是从用户需求出发的，原来的组织结构也需要适时作出调整。海尔将传统的"正金字塔式"组织结构彻底颠覆，转换为扁平化、完全授权的"倒金字塔式"组织构架。在这种颠覆性的组织架构中，一线经理和员工处于金字塔的最上面与顾客直接面对面接触，能够及时反映顾客的订单要求；而管理者则从金字塔的顶端到底端，从原来的发号施令者转变成现在企业战略的制定者和资源的供给者。因此，海尔的财务管理必须改变原有的模式，首先，与企业发展战略目标结合，在海尔集团实现全球化的过程之中对机会的把握和风险的掌控走在前面；其次，需要适应战略目标下的组织管理模式变革，即下挂经营体。总的来说，这种企业组织结构的变化也倒逼着财务自身的组织不得不改变，从原来"正三角"转型为如今的"倒三角"。②海尔于 2006 年以"积聚的更积聚，扩散的更扩散"为指导方针，进行了财务组织的颠覆性改革，组建了更高质、更精准的财务管理系统，以应对企业战略的转型。在财务组织的变革实施之前，海尔财务人员结构为：以基础财务为企业财务的主力军，在整个财务体系中占比达到 70%，主要工作任务是传统的会计核算、记账等；专业财务占比约 20%，主要职责是关于资金、预算、并购等工作；剩下占比约 10% 的业务财务的工作范围大体是为企业的市场、技术、生产等部门出谋划策。在财务流程再造中，海尔将财务人员转变成业务财务、共享财务、专业财务三类，人员结构及职责也发生了颠覆性的变化，具体如表2-2所示。

表2-2　海尔公司财务流程再造后财务人员职责

财务人员分类	职责
集团层面的专业管理团队（占10%）	主要包括预算及分析管理、资金管理、税务、内控、内审。专业财务管理团队的目标是：统一运营集团的财务资源，获取最大的价值回报；搭建统一的运营平台，达成内控、效率与标准化目标
业务单元财务团队（占70%）	针对海尔六个业务单元WGG、DPG、CSG、EPG、BCG、CAP及这些业务单元集团所属的PL、终端经营体分别设立对应的财务组织以更有效地支持每个业务单元集团发展。业务单元财务团队的目标是：通过成为业务单元的合作伙伴，以创造客户价值为核心，创新事前算赢的全面预算体系，支持业务单元战略实现
财务共享中心团队（占20%）	财务共享中心团队的目标是合理安排财务交易处理的效率、成本与准确率

总的来说，在互联网环境下，海尔的财务流程在财务组织结构的转变不单单是财务人员数量结构的变化，更是财务人员的角色承担和职责定位产生了颠覆性的变化。财务组织结构从原来的"正金字塔"转型为现在的"倒金字塔"，大量财务人员跳出原来仅仅的核算担当变化成经营体的财务经理，投身到一些经营体中，能与客户直接接触，财务人员的工作也是以满足客户需求为基础的。

（6）绩效评价系统创新。在重塑的企业战略的指导下，为了极致性地发挥内部工作人员的积极能动性，企业内部关于员工的激励和考核机制的创新已是箭在弦上，不得不发。为配合新的财务流程，海尔以互联网信息化平台为基础，重新构造了一个多维度的绩效评价与激励体系，以便全方位综合地评价每位员工及其团队为公司创造的价值。只有满足战略方向的绩效才能被确认，海尔称其为战略绩效。业绩评价体系是"二维阵点"业绩评价体系，该体系的横轴主要衡量市场竞争力，企业价值和市场绩效的提升是关注点，评价标的通过市场完成；纵轴主要衡量战略承接，用户价值与战略绩效的提升，旨在促进企业价值的创新。该业绩评价体系数据主要源于企业会计报表呈报的信息系统与客户直接接触获得的交互信息系统。

此外，海尔还建立了信息化的"新三表"体系，新三表是指战略损益表、日清表和人单酬表。所谓的人单酬表主要是指员工的薪酬激励依据经营体创造的价值而来，互联网使得员工能够及时知悉自身创造的价值或将自身创造的价值与别人分享，极大激发了员工的创造性。日清表通过动态监控自主经营体实际业绩和预算目标之间的偏差，找到偏差的项目、原因、团队主要负责人和解决措施，及时采取有效措施缩小差距，保证预算目标最终达成。日清表体现了一种实时管理、交互控制和持续改进，动态调整资源与管理控制，保证企业战略目标的实现。

海尔集团绩效评价体系的重新构建，不同于行业的做法，不是局限于关键业绩指标，而是借助互联网的手段，整体、科学、适时地展现了职工个人和团队的总体绩效，对其他同行具有较大的借鉴意义。员工能借助绩效评价清晰了解增值或减值的项目是哪些，及时找到增值的路径、采取增值的行动。这一变革大大激发了职工的创造性与积极性，促进了企业经营业绩与员工薪酬的提升，为企业战略转型提供了坚实的基础。

第五节 互联网时代下税收筹划及成本管理战略创新

一、互联网时代税收筹划的挑战与战略创新

（一）税收筹划概述

税收筹划又叫合理避税，英国上议院汤姆林爵士在1935年"税务局长诉温斯特大公"案中提出"任何一个人都有权安排自己的事业，如果依据法律所做的某些安排可以少缴税，那就不能强迫他多缴税收"。这一观点得到财税界和法律界的认同。此后，税收筹划的规范化定义逐步形成，即在法律规定许可的范围内，纳税人通过对经营、筹资、投资等活动中涉税事项的预先安排，减少或免除以负担为主要目标的理财活动。

税收筹划是企业财务管理过程中利用相关技术方法有效减轻税负的重要环节。在互联网新态势冲击下，各行各业与互联网高度融合，经营模式的转变、税收征管的革新以及新一轮的税制改革给我国的涉税服务带来了新的机遇和挑战，税收筹划实际操作也面临着新的冲击和挑战。因此，在互联网的新态势下，转变税收筹划理念、革新税收筹划技术以及提高税收筹划人员素

质至关重要。互联网行动的推行势必带来新的营销方式、新的管理体制，同时也代表着会出现新的行业态势以及新的税收来源。税务部门将创新体制机制，进行税收征管深度变革，推行"互联网+税务"的深度融合，构建智慧税务生态模式，全面升级税务工作。

在大数据、经济社会高度融合的背景下，涉税服务也将形成开放、合作、共享、共赢的生态系统。传统的商业模式将与互联网高度融合形成新型金融业务模式，使市场业务更加多元化和多样化。在这样的新态势下，税收筹划也需要创新发展以迎合新形势下的涉税服务，更加精准完善、突出重点，形成全方位、高层次的个性化税收筹划方案。同时还应当充分运用新信息技术，以创新税收筹划新路径，拓宽税收、转变新思维，准确把握新态势下的政策，发展高精专、分行业、分税种的税收筹划。

（二）互联网新态势下税收筹划的冲击与挑战

1. 互联网金融的兴起带来的挑战

随着互联网时代的发展，越来越多的行业借助互联网拓展其领域，互联网金融应运而生。互联网金融是企业在传统的业务流程中高度利用移动互联网、大数据等新兴技术实现多元投资融资、网络支付、多端运营的新型金融模式。随着互联网的普及以及新信息技术的精进，互联网金融高速扩张，网络购物、P2P、网约车等新型金融业态的出现使得市场经济多元化、交易多样化。但互联网金融这种以互联网为载体搭建的业务平台在很大程度上会导致隐蔽化的交易，互联网的运用也使涉及的业务范围、交易对象、地域都无限扩大，这会导致在纳税过程中纳税对象、税率、税收政策等存在差异，从而加大税务师制定税收筹划方案的难度。

对于类似电子商务这种完全依附于互联网行业的业务主体来说，主体税源的不确定便会给税收筹划带来不小的难度。电子信息技术的精进使得商品与服务愈发难以区分，如电子商务中有形商品可以直接确认为"销售收入"来核定纳税，而专门提供设计服务、图文信息等这样的无形商品是确认为"销售收入"还是"特许权使用费"来核定纳税便存在争议，给税务筹划带来一定难度，也可能会存在偷税漏税的危险。另外，线上销售、支付、物流等方式与传统企业的业务流程不同会与税收政策规定的标准不匹配，亦会给税收筹划带来巨大挑战。我国的涉税服务也在转型升级，其运营方式、发展模式、收费模式的改变都会给企业的税收筹划带来新的挑战。

2. 新时代、新技术、新税改带来的冲击

党的十九大报告指出：我国经济发展进入新时代，我国经济已由高速增长阶段转向高质量发展阶段。互联网时代步入新常态，云计算、大数据、人工智能等新兴信息技术迅速发展，带来了新的技术革命。大数据、云计算等新技术与税务工作的有机结合，使税收征管更加全面与完善，纳税人的相关信息将会在税收征管系统中长久留存，并处在互联网的全面覆盖下。税收征管系统能够对纳税人业务流程全面监控，这将会对税收筹划空间产生一定的冲击，使得事中和事后筹划空间缩小，税收筹划在经营活动中的位置前移。

在互联网的深度覆盖下，2015年国家税务总局颁布《"互联网+税务"行动计划》，意在将税收工作与互联网创新成果深度融合，打造智慧税务生态系统，深度改革管理方式，实现税收现代化。我国税制改革在不断深化：国地税征管体制改革，国地税机构合并，社会保险费和非税收入由税务部门统一征管；营业税废除，增值税税率下调，并实现对货物和服务的全面覆盖；个人所得税实行综合和分类相结合的征收模式，新设6项专项附加扣除；资源税启动立法工作，扩大试点范围，在北京、天津、山西、内蒙古、河南、山东、四川、宁夏、陕西等9省区市开征水资源税；《中华人民共和国环境保护税法》于2018年1月1日正式实施，加大对大气污染物、水污染物、固体废物和噪声的征管力度。税收政策是企业进行税收筹划的标杆，税收筹划源于我国制定的相关税收政策。因此，在税收政策不断深化改革的过程中，政策的新变动会给企业带来更多的税收优惠政策，但企业也会因理解偏差对有关税收优惠政策的运用和执行不到位而存在风险。另外，在税收筹划过程中企业财务部门会面临着对相关新政策理解失误、运用不当，造成事实上的偷税、漏税而受到税务机关处罚的风险。

3. 税收筹划人员素质新培养的挑战

随着税制改革、网络征收管理体系的不断完善以及涉税服务行业税务数据库、信息采集分析系统等大数据信息系统的发展，税收筹划人员需要更新观念、转换思维进行相应知识技能的训练，要学会运用大数据信息进行税收筹划，加强自身的职业道德修养。还要学会准确把握大数据带来的信息，运用互联网技术掌握税务相关知识，规避筹划风险。另外，税制改革政策多变，相关条款补充与删除对税收筹划人员素质要求极高，需要税收筹划人员能够全面快速理解相关政策的变动内容，以防因政策理解不当，而发生偷税漏税的违法行为。随着互联网进入税收征管体系，税务机关相应的申税、征税方式都会不断革新，税务机关对税源的跟踪、风险分析也都会加强。这就需要税收筹划人员提高自身素质，善于沟通交流，准确把握当前的行业政策，完善税收筹划知识体系，提高自身执业能力，适应新兴的执业环境。

（三）互联网时代新态势下税收筹划的应对

1. 积极转变税收筹划理念，确立明确目标

随着互联网的发展，各种运行模式、经营模式兴起，企业为了在互联网新态势下更加合理地开展税收筹划，并保证能够有效提升税收筹划的水平。企业的管理者应该积极地转变对税收筹划的认识和理解，转变税收筹划理念，适应当前的经济环境形势，努力融合到"互联网+税务"的行列中，使税收筹划更具有先进性、更符合当前的行业态势，保证税收筹划工作更好地开展，为税收筹划水平的提升奠定坚实的基础。运营模式的转变、业务范围的扩大、主体税源的确定是企业在转变理念的过程中，应当明确的、适合当前态势的税收筹划目标。在互联网和大数据的背景下，企业的发展不再单一，互联网更多地参与到生产、销售、经营当中，成为企业发展必不可少的模式。因此，在确立税收筹划的目标时，企业应综合现状进行成本效益分析，结合企业的战略部署，设置明确的税收筹划目标，保证企业税收管理水平的不断提升。

2. 革新税收筹划内容，适应新管理

随着税收征收管理方式与互联网新经济深度融合，税收政策革新变动、涉税服务随之标准化、税收征管更加规范化，企业在进行税收筹划时，需要革新企业税收筹划的内容，以适应"互联网+税务"的大环境。企业要想在新兴的经济环境下更加充分地运用税收筹划来减轻税收负担，则需要顺势而为，不断地革新税收筹划内容。首先，企业应当考虑自身的纳税方式在新互联网环境下的变革，改变税收筹划的方式。企业可以充分运用数据搜索和数据挖掘技术，依靠互联网建立属于企业自身的税务数据仓库，并运用新的税收征收管理系统，建立自己的税务档案，设计更加精确的税收筹划方案。其次，企业应考虑自身的组织形式，企业的组织形式不同，其税收的标准也会不同，适应的税收政策也会有所不同，企业在进行税收筹划过程中要不断地关注法规政策的变化，选取合适的税收优惠政策。

3. 提升税收筹划的针对性，培养高素质专业人员

互联网的高速发展与经济社会的高度融合使得资源高度共享、信息高度透明，形成新经济社会的有机供应链。税收筹划作为企业一项系统的工程内嵌于财务管理体系当中。在新的经济形势下，企业可以运用互联网时代的大数据、人工智能等先进技术，根据自身具体的业务进行有针对性的税收筹划，迎合新形势下的涉税服务，更加的精准完善、突出重点，形成全方位的税收筹划方案。企业还可利用互联网、大数据等技术从个体信息化向云信息化转型，提高税收筹划的工作效率和质量。企业还应该充分利用互联网的理念，培养专业的、高素质税收筹划人员。首先，企业应该鼓励员工转变理念；其次，以大数据为支撑，加强企业内外部的信息交流，通过互联网平台进行教学，丰富员工的专业知识、提升专业技能；最后，鼓励员工运用互联网平台紧跟市场规则，创新税收筹划方式，转变新思维，准确把握新政策，完善自身知识体系，成为高素质的专业人员。

互联网时代的快速发展，改变了传统经济运行的模式，也带来对税收模式的挑战。基于互联网时代的数据共享，通过财税信息化的高效支撑，税收筹划必须适应经济的新发展，依托平台，整合筹划流程，调整和改变传统筹划模式，以企业价值最大化的财务战略为目标，谋求企业资金均衡、有效流动。通过合理筹划融资安排，完善企业营收资金、投入资金等的筹划，运用战略思维发挥企业资金运作的导向性作用，全面规划企业税收筹划战略，防范企业财务风险。

二、互联网时代成本管理战略创新

企业财务管理战略创新除了税收筹划战略创新外，还包括成本管理战略创新、财务决策战略创新等。企业财务管理在实现了量的渐进积累之后，在相关因素的影响和改变下，实现质的飞跃，正是这种交替演变的过程构成了财务管理战略创新。竞争机制的升华是企业财务管理战略创新的基础，它把生产与技术、经营与管理等诸多条件同财务管理要素重新组合。

（一）战略成本管理的含义与特点

从战略角度来研究成本形成与控制的战略成本管理思想，是 20 世纪 80 年代在英美等国管理会计学者的倡导下逐步形成的。作为一种全面性与前瞻性相结合的新型成本管理模式,战略成本管理概括起来包括下面三个要点:其一,实施战略成本管理的目的不仅仅是降低成本,更重要的是建立和保持企业的长期竞争优势;其二,战略成本管理是全方位、多角度和突破单个企业本身的成本管理;其三,战略成本管理重在成本,立足预防,从宏观上控制成本的源头。在不同的研究阶段,其指导思想的重心也不同。基于价值链的研究偏重单个企业的价值创造分析,着眼于企业内外部价值链的成本管理,而价值星系成本管理将视野拓宽至整体的价值创造网络,注重星系内成员企业的协调合作,减少星系整体成本,增加成本的贡献价值。

(二)战略成本管理的应用实例

1. 价值链与成本动因分析视角

价值链是指企业为顾客生产有价值的产品或提供劳务而发生的一系列创造价值的活动。价值链分析就是要了解企业在行业价值链中的位置,分析企业各项活动的成本,分别从内外部分析了解自身以及竞争对手的价值链。对成本进行比较,观察自身是否具有竞争优势,进而采取相应的竞争战略。在价值链管理的基础上结合成本动因分析,是消除成本竞争劣势并创造成本优势的一个最有效的途径。

初创的小米科技具有的能力和优势局限于设计开发环节和互联网业务,在制造业标准流程"设计开发—采购—生产—销售"的模式中,生产是小米科技完全不具备的能力,也是成本风险最大的价值链环节。而在采购和销售这两个环节,小米通过管理创新和互联网业务资源整合具备了高效的能力。因此,小米将大部分具有成本风险的业务环节,如仓储、生产、营销等外包或者代之以创新的方式,而自身专注于市场需求引导、产品设计这两个领域,在市场机会稍纵即逝的激烈竞争环境中极大地实现了"轻装上阵"和"快速见效"。

2. 价值星系分析视角

价值星系是一个企业引力集合的创造价值的系统,这个系统的各成员包括作为"恒星"企业的公司、模块生产企业、供应商、经销商、顾客等,它们共同"合作创造"价值。价值星系理论在管理方法和管理思路上都对价值链理论有所革新,其成本管理对象是企业的交易成本,不仅包括企业间的交易行为产生的成本,也包括价值创造无益的成本浪费,成本的降低有赖于企业之间建立协调的合作关系，借助信息共享减少不确定性。

亚马逊从价值创造的角度出发，专注于流程优化和提高运营效率，从而提高星系的价值创造能力。在仓储方面，亚马逊与出版社建立信息共享网络，消费者下订单才进货，由此降低库存成本。同时，亚马逊通过大数据收集信息，为消费者提供个性化购买建议，及时预测消费需求以优化库存品类与数量，不仅实现了自身库存成本的最优，也降低了供应商的成本。在支付环节，亚马逊向顾客提供包括网银、汇款、支付宝以及货到付款等在内的多种支付方式，尤其是网上支付平台的引入，拉近了亚马逊与消费者的距离，一方面，满足了顾客对于支付方式安全、便捷、多样化的要求，另一方面，有助于企业尽量快速地回收资金，实现了较高的资金周转率。在物流方面，亚马逊采取物流联盟模式配送货物，即在自建物流中心的同时，大力发展与第三方物流的合作，从而发挥各自优势实现资源的有效整合。

总的来说，战略成本管理思想弱化了企业的边界，启发管理者从企业内外部环境分析自身优劣势，从保证价值创造和竞争力的角度考虑控制成本，从竞争合作的思路整合利用外部资源，提高效率，从而使企业实现对未来趋势的引领，而非对过去事实的跟随，适应快速变化的市场环境，识别并满足消费者多样化的需求，顺应互联网时代的大潮，实现可持续发展。

(三) 构建大数据平台，理性开展成本谋划

互联网时代的企业要有大数据思维，构建自己的大数据平台，更好地与消费者互动，洞察顾客需求，拓展服务品牌和从事商业创新。移动互联网将产业之间异质性的社会互动向更深层次推进，社会化互联网使企业可以主动发起自身和上下游企业的互动式的成本谋划，从而使基于用户生成的社会互动成为企业的重要决策变量。例如，利用电商平台的交易数据，阿里小贷可以在几分钟之内判断企业的信用，为近百万小微企业发放贷款。2015年年初，阿里巴巴又推出了基于个体消费者的"芝麻信用"，其创新资源还是基于数据。大数据成本数据类型繁多，包括结构性成本数据和非结构性成本数据，成本信息采集的范围广，包括财务与非财务、数量与质量、经济与非经济、物质与非物质。成本信息处理速度快、时效性要求高。成本结构的复杂度是成本上升的源头。企业应立足成本的相关范围和复杂的成本结构，借助大数据对成本信息进行分析，减少或者消除非增值作业。

例如，O2O 模式将线上资源和线下资源充分整合，提供了消除非增值作业的商业模式保障。虚拟仿真技术将使消费者的体验更加平滑和流畅，企业只需为消费者提供基于需求的全程智能化支持服务。管理者不应将目光过分地集中在显示性成本的控制上，实践证明这种控制往往是一种短视的决策行为，会带来诸多隐性成本的上升，最终得不偿失。大幅削减高管工资薪酬会导致高管人员流失，过分削减研发支出会导致企业丧失潜在的核心竞争能力，过分削减营销支出则会让企业逐渐丧失市场竞争力。企业应积极推广精细化管理的责任会计，细化核算单元，专注可控成本。各部门按照"谁主管谁负责"的原则，建立成本控制量化分解体系，形成责任共担、利益共享、相互监督、相互制衡的运行机制，助力企业管理效益的提升。美国麻省理工学院曾以汽车工业为例进行精益生产的研究，发现精益生产可以使生产效率提高 60%，让废品率降低 50%，大大降低成本。战略企业还应将环境成本管理纳入战略成本管理体系，不能将本应由自身承担的环境成本转嫁给整个社会，而应评估企业生产对生态环境造成的影响，倡导循环经济和清洁生产，开展绿色成本核算，切实履行社会责任，追求企业生产的外部性经济价值和社会价值的协同最大化。

（四）借用互联网的平台思维，建立战略成本管理信息系统

互联网的平台思维就是开放、共享、共赢的思维。平台模式的精髓，在于打造一个多主体共赢互利的生态圈。互联网的平台思维落实到企业战略成本就是建立战略成本管理信息系统。互联网时代企业战略成本管理急切需要信息系统作支撑平台，战略成本管理的信息化推动着成本共享中心的快速发展，生成面向战略决策、高价值的成本数据，既有赖于企业的组织力和执行力，也离不开企业的控制力和决策力，体现了企业的管理智慧。战略成本管理提供的成本信息的覆盖面更广、层次更丰富、准确性更高、及时性更强，因此也需要信息系统作支撑。例如，青岛啤酒在实施战略成本管理过程中与现代信息化技术的发展趋势相结合，建立了以 Oracle ARP 为核心的 ERP 信息系统，对公司总体业务的信息化进行规划，实现了公司业务的整合及资源的优化，提高了资源的利用效率，进而节约了企业成本，提高了企业的竞争力。成本管理的内部评价和绩效管理机制，可以促进企业成本管理部门和业务部门之间的横向联系和团队协作能力，保持成本战略管理信息系统的稳

定性和可靠性，有利于及时反馈成本管理的各项活动绩效，提升绩效目标，提高成本科学管理和规范管理的水平。绩效评价指标体系，应囊括财务能力、客户满意度、成本管理效益和竞争能力等多个层面。

（五）聚焦互联网的虚拟思维，树立风险防控意识

互联网的虚拟思维是指企业时刻处在虚拟的空间和环境中，战略成本管理面临极大风险，应从企业面临的外部环境层面分析。当前我国经济进入新常态，经济发展面临着速度变化、结构优化、动力升级三大挑战，宏观调控体系呈现区间弹性调控与结构性定向精准调控相结合的特征。由于资本游离于实体经济之外的服务虚拟经济，企业的规模扩张和技术创新缺乏资本保障，融资困境没有得到根本性扭转。从企业内部层面分析，企业提供的产品和服务与市场需求的对接程度、市场占有率、产品研发设计水平、成本结构的变动、销售服务的满意度存在较大的变数，这些和大数据、云计算、物联网的时代背景叠加。企业在互联网时代下经营环境复杂、风险因素众多、风险程度加剧。企业可以提高自身的信用水平，借助互联网金融中众筹融资的方式降低资金成本，解决融资难、融资贵和融资险的难题，还应开展成本选择关系分析，平衡成本结构、成本与质量、成本与效率、成本与竞争能力、成本与收益之间的关系。

互联网时代企业之间的竞争格局也必然从封闭型趋向开放型，进入日益全球化和智能化的进程中，互联网时代企业的战略成本管理是管理战略、成本信息和现代技术的结合，是企业全员管理、全程管理、全环节管理和全方位管理。多中心、同步快捷的成本信息采集，处理、储存和传递方式使全员决策、实时决策成为现实。

当前看企业的战略成本管理有没有潜力，就要看与互联网融合程度，就要看互联网思维是否彻底，就要看企业的整个生态链是否完善，只有在意识和行动上用互联网的思维重构战略成本管理的企业，才能成为真正和最后的赢家。

第三章　互联网时代下财务管理内部控制

互联网财务信息系统内部控制设计的指导思想就是以内部控制理论，尤其是 COSO 报告的内部控制整体框架为依据，发挥互联网财务信息系统在内部控制方面的优势，利用信息技术和 IT 设备解决其面临的难题。

第一节　内部控制概念及其发展

一、内部控制概念的变迁

20 世纪初资本主义经济迅速发展，现代企业制度的主要形式——股份公司规模日益扩大，其特征是所有权与经营权分离。根据股份公司的特征，保证会计信息的质量，保证资产的安全与完整，逐步形成了一些组织、调节、制约和监督企业经营管理活动的方法，进而形成了内部控制。从历史角度看，内部控制是一个不断变迁的动态结构。其中，美国的内部控制的理论和实务发展最为先进和完整，具有代表性和权威性。因此，本节主要以美国内部控制为发展主线，将内部控制概念的演变大致分为：萌芽时期（20 世纪 40 年代前）、奠基时期（20 世纪 40 年代末至 70 年代初）、发展时期（20 世纪 70 年代至 90 年代初）与成熟时期（20 世纪 90 年代至今）四个阶段。

（一）内部控制的萌芽时期——内部牵制

20 世纪 40 年代以前是内部控制的萌芽时期。当时人们习惯用"内部牵制"这一提法。美国著名审计学家蒙哥马利在 1912 年的著作《审计——理论与实践》中已明确地表述过内部牵制的思想。根据《柯氏会计辞典》的解释，内部牵制是指"以提供有效的组织和经营，并防止错误和其他非法业务发生的业务流程设计。其主要特点是以任何个人或部门不能单独控制任何一项或部分业务权力的方式进行组织上的责任分工，每项业务通过正常发挥其他人或部门的功能进行交叉检查或交叉控制"。该定义隐含的意思是内部牵制是一种制衡,两个和两个以上的个人或部门发生同样的错误的概率很小,串通舞弊的可能性也大大降低。由此可见,这一时期的内部牵制主要以查错防弊为主要目的❶。

内部牵制的思想在管理实践中产生并发展,成为现代内部控制理论中有关组织控制、职责分离控制的雏形,在现代内部控制理论中占据了相当重要的地位。内部控制在内部牵制阶段完成了实践塑造的过程。

(二) 内部控制的奠基时期——内部控制制度

20世纪40年代末至70年代初,"内部控制"这一术语被正式提出,内部控制分为内部管理控制和内部会计控制。这是内部控制发展的第二阶段,奠定了内部控制的发展基础。

1936年,美国注册会计师协会(AICPA)的前身美国会计师协会(AIA)在其发布的《注册会计师对财务报表的审查》中,首次正式使用了"内部控制"这一专业术语,但它显然将内部控制混同于内部牵制了,即"注册会计师在制定审计程序时,应考虑的一个重要因素是审查企业的内部牵制和控制……内部牵制和控制这一术语,是指为了保护公司的现金和其他财产、检查簿记事项的准确性而在公司内部采用的手段和方法"。

1949年,美国注册会计师协会发布了一篇题为《内部控制:一种协调制度要素及其对管理当局和独立注册会计师的重要性》的专题报告,该报告首次对内部控制做了权威性的定义:"内部控制包括组织结构的设计和企业内部采取的所有相互协调的方法和措施,旨在保护企业资产,审核会计数据的准确性和可靠性,提高经营效率,推动企业执行既定的管理政策。"此定义强调内部控制不只局限于会计和财务部门,首次将触角伸入管理领域,从而形成管理控制的雏形。

1953年10月,美国注册会计师协会发布的《审计公告第19号》(SAP-NO.19)将内部控制首次划分为内部会计控制和管理控制。公告中指出:"广义地说,内部控制按其特点可以划分为内部控制和管理控制。"1958年该协会又发布了《审计程序公告第29号——独立审计人员评价内部控制的范围》

---

❶ 李艳华. 大数据信息时代企业财务风险管理与内部控制研究 [M]. 长春:吉林人民出版社, 2019:201.

的报告，进一步阐述了内部控制的"制度两分法"，正式界定了内部会计控制和内部管理控制的定义及其包含的内容。

1972年，美国注册会计师协会所属审计准则委员在《审计准则公告第1号》（SASNO.1）中，重新表述了"会计内部控制"和"管理内部控制"的定义，并进行了明确的分类，为企业进行内部控制提供了指导。

在这一时期，推动内部控制发展的主要是审计职业界，所以内部控制就不可避免地打上了审计的烙印。所谓的"两分法"也成为出于审计便利需要之物——注意力仅集中于会计控制的测试，对管理控制鲜有涉及。两分法未能完整地反映内部控制所涵盖的内容，也没有考虑控制环境对内部控制制度设计及其实施效果的影响。尽管如此，这些概念的界定和分类仍为内部控制发展奠定了一定的基础，起到了承上启下的作用。

（三）内部控制的发展时期——内部控制结构

20世纪70年代至90年代初，内部控制概念演变为"内部控制结构"，这个阶段是内部控制概念演变的第三个阶段，即内部控制的发展时期。

继"水门事件"调查之后，1977年美国国会通过《反国外行贿法案》（FCPA）。该法案包括了一些会计和内部控制的条款。自该法案生效以来，内部控制开始在企业得到广泛重视，与此同时内部控制制度不足以指导企业的内部控制实务的局限性也随之暴露出来。

1988年4月，美国注册会计师协会发布了《审计准则公告第55号——财务报表审计对内部控制结构的考虑》（SASNO.55），第一次用"内部控制结构"概念代替"内部控制制度"，规定从1990年1月起以该公告取代1972年发布的《审计准则公告第1号》。

在这份公告中指出："企业的内部控制结构包括为合理保证企业特定目标的实现而建立的各种政策和程序"，并指出了内部控制结构包括控制环境、会计制度和控制程序。内部控制结构与内部控制制度相比有两点差异：首先，内部控制结构将内部控制环境纳入了内部控制的范畴；其次，它不再区分内部会计控制和内部管理控制，而是用控制环境、会计制度和控制程序三要素来代替。这一概念仍由审计职业界提出，强调了管理者对内部控制的态度、认识和行为等控制环境因素的重要作用，有助于企业完成既定目标。虽然起草公告的审计职业界也考虑到了企业内部控制的实际需要，但这份公告的审计色彩仍然过于浓厚,无法满足企业应对日益复杂的环境风险的需要。

(四) 内部控制的成熟时期——整体框架

自20世纪90年代至今,内部控制研究开始着眼于企业整体及利益相关者,不再仅仅关注审计便利,逐渐形成了内部控制和风险管理的整体框架,并且逐渐强调内部控制和风险管理框架在实务中的应用。在这一阶段,内部控制逐渐走向成熟和相对稳定。

1985年,由美国注册会计师协会、美国会计学会(AAA)、财务经理人协会(FEI)、内部审计师协会(IA)和全国会计师协会(IMA)共同资助成立美国反欺诈财务报告委员会(National Commission on Financial Reporting),即著名的Tread way委员会。该委员会在成立两年后提交的报告中强调控制环境、行为守则、内部稽核功能的重要性,并重新呼吁管理当局对内部控制有效性提出报告,还对公众公司的管理当局及董事会、会计师、证券交易委员会、主管机关、立法机构及学术界提出了建议。

Tread way委员会的赞助机构还成立了COSO委员会来制定内部控制指南。1992年,COSO委员会发布著名的COSO报告,即《内部控制——整体框架》。该报告将内部控制定义为:"由企业董事会、管理当局和其他员工实施的,为达成经营活动的绩效和效果、财务报告的可靠性、相关法律法规的遵循性等目标提供合理保证的过程。"此时的内部控制包括五个要素:控制环境、风险评估、控制活动、信息与沟通、监控。

2002年7月25日,美国国会通过《2002年萨班斯—奥克斯利法案》,对财务报告内部控制的有效性的评价和披露的报告进行了相关规定。

2004年9月29日,COSO委员会颁布了最新报告《企业风险管理——整体框架》,定义了企业风险管理,并引入了风险偏好、风险容忍度、风险组合观等概念。COSO委员会先后提出的《内部控制——整体框架》和《企业风险管理——整体框架》,反映了各利益相关方对内部控制的各种需求,较前期几个概念更为全面、综合和系统,表现为:首次正式提出了内部控制的目标,并在后一框架中把目标扩展到了战略层面;首次专门为企业制定了应用指南;首次糅合了管理和控制的界限,表现为管理和控制职能模糊;首次全面而明确地阐述了内部控制制定和实施的责任问题等。这两份报告使内部控制概念开始向纵深方向发展。

二、COSO 报告对互联网财务内部控制的影响

与以往的内部控制理论研究成果相比，COSO 报告对互联网财务内部控制具有更为重要的指导意义。

尽管 COSO 报告只是站在企业整体角度提出了内部控制建设的整体框架，但其方法论意义仍比较明显，它为企业各个职能部门内部控制建设提供了方法论指导。按照五要素观点构建互联网财务内部控制理论体系和实施方案，可以保证互联网财务内部控制的建设更加全面、有效。依托 COSO 报告的五要素剖析互联网财务内部控制面临的机遇和挑战，并重视从理论上分析互联网财务内部控制架构，指出互联网财务内部控制建设的目标和主要内容也是非常有意义的。

我国著名会计学者朱荣恩教授指出，COSO 报告提出了内部控制整体框架性，只有在内部控制整体框架的基础上，以内部控制的方法推行内部控制，效果才会更好。他的核心思想是企业建设内部控制不能仅仅停留在整体框架上，而应该在内部控制整体框架的基础上采用具体可行的控制方法建设内部控制制度，只有这样才能取得较好的成效。

由于 COSO 报告在互联网财务内部控制建设理论分析方面的意义不能忽视，故在实际中，可首先运用 COSO 报告的结论分析互联网财务内部控制理论框架，然后针对网络财务面临的挑战提出具体实施方案。更重要的是，为了使互联网财务的内部控制方案真正切实有效地发挥作用，需要依托一些最新的信息技术和 IT 设备，并将其和互联网财务系统结合起来，只有这样，互联网财务内部控制才不会仅仅停留在理论层面，而更具有应用价值。

三、互联网财务内部控制基本要素的变化

前面提到，COSO 报告提出，内部控制整体架构由五要素组成。在网络环境下，企业内部控制系统仍由上述五个要素构成，框架体系并未发生实质性的改变。但是每项基本要素的内部构成具有新的内容，表现出新的特征，并带来了新的问题。下面分别就这五个方面论述新经济条件下企业内部控制要素所发生的相关变化。

(一) 控制环境

控制环境是指对企业内部控制系统的建立和实施有重大影响的各种因素的总称。根据 SASNO.78 的规定，影响控制环境的因素有管理哲学、组织结构、董事会或审计委员会、人力资源政策与实务、权责分派方式、品行与价值观、胜任能力等。控制环境提供企业架构，塑造企业文化，并影响着组织成员的控制意识，是其他控制要素的基础。在信息技术条件下，企业内部控制环境将发生以下主要变化，这要求管理层树立信息意识，更新控制观念。

1. 内部控制的组织结构发生改变

随着企业的扩张，其管理层次和机构也在发展，结果是组织结构越来越臃肿，管理流程越来越复杂，管理效率越来越低下，企业难以在第一时间对市场做出反应，满足顾客的要求。信息技术的广泛应用，使企业组织结构的扁平化成为可能，企业内部控制层次明显地减少，但责任更加明确，效率更高。

2. 内部控制的方式与管理观念将发生改变

信息技术的应用产生了强大的竞争力，增强了企业的灵活性。在企业的这种新型扁平式结构中，信息的对等性使得信息无论处于何处，都能被企业内外部人员轻易获得。领导也不再只是组织等级的上层，而成为行动的中心。信息经济要求并导引着企业组织从机械式向有机式并最终向虚拟组织发展演变，这就要求企业的领导阶层必须学会在一个动态的环境中构造组织，既要使其有利于创造、革新、加快速度，又能在不断磨合中加强其内部控制和向心力。

(二) 风险评估

每个企业都面临着来自内部和外部的不同风险，风险评估的目的就是分析和辨认实现企业所定目标时可能发生的风险并适时加以处理。信息技术手段的不断应用，在给企业带来风险的同时也带来了控制风险的机会和工具。

1. 风险控制体系的变革，使内部控制的范围加大

在信息技术环境下，虽然企业的整体目标没有改变，但是经济、产业及管理的外部环境与内部因素都发生了变化，业务流程的改变带来了系统的开放性、信息的分散性、数据的共享性。这极大地改变了以往封闭集中状态下的运行环境，从而改变了传统的风险控制内容和方法。例如，强大的、复杂的计算机系统增加了企业潜在的风险,这是因为人们的主观判断被忽略,数据处理过于集中,存储的数据可以被不留痕迹地改写和删除;数据的存放形式增加了数据再现的难度;数据处理过程无法观测等。这些新的风险构成了内部控制的新内容。由于新的技术带来了新的风险,所以我们应辨认已发生的改变,并采取必要的行动,扩大控制的范围。

2. 有效利用信息技术,将其作为控制风险的工具

应该明确这样一种认识:风险的存在不是把信息技术拒之门外的理由,应该树立信息意识,更新控制观念,改变思维定式,有效利用信息技术为企业服务。如果把信息技术作为防范风险的工具,并与业务活动有效结合起来,一个控制良好的电子数据处理系统就能发挥更大的潜力,从而可以减少错误和舞弊的发生,保证企业业务处理活动严格按商业规则进行。因此,我们应该也有可能把信息技术作为强化内部控制的一个有效工具。

(三) 控制活动

控制活动是指企业为了保证指令得到实施而制定并执行的控制政策和程序,是针对实现组织目标所涉及的风险而采取的必要防范或减小损失的措施。SASNO.78列举的控制活动包括绩效评估、信息处理、实物控制和职责分工等。信息技术的广泛应用,对控制手段也有一定的影响。

1. 增强了控制手段的功能

信息技术的引入增强了控制手段的多样性、灵活性、高效性,加强了内部控制的预防、检查与纠正的功能。控制的重点由对人的控制转变为对人机的共同控制,控制程序也应当与计算机处理相适应。

2. 形成了新的控制理念

信息技术的恰当应用,可以使企业摆脱人员与资源的限制,经济有效地实现内部控制的目标。在新的环境下应当形成新的控制理念:好的内部控制不应该仅依赖过多的审核人员或复杂的控制程序,也应该依赖信息时代的控制理论和恰当适用的信息技术。

3. 产生了新的内部控制问题

同时应该看到,随着计算机使用范围的扩大,利用计算机进行的贪污、舞弊、诈骗等犯罪活动有所增加。如储存在计算机磁性媒介上的数据容易被篡改;数据库技术的提高使数据高度集中,未经授权的人员有可能通过计算机和网络浏览全部数据文件,并复制、伪造、销毁企业重要的数据,使得计算机犯罪具有很大的隐蔽性和危害性。这些活动增加了信息技术环境下内部控制的难度与复杂性。

(四)信息与沟通

企业在其经营与控制的过程中,需要按某种形式辨识并取得来自企业内部及外部的信息,并在组织内部进行沟通,以使员工清楚地获取有关其控制责任的信息,履行其责任。与现代信息技术结合的信息系统具有开放化、实时化、电子化的技术特点,在内部控制系统中展现出了新的特点并发挥出了新的作用。

1. 实现一体化处理

在新经济时代,网络连接了企业的各种职能部门,实现了会计和业务的一体化处理,并使会计核算从事后的静态核算转变为事中的动态核算;信息需求者可以获取实时信息,这使得工作在空间和时间上的接近不再是至关重要的问题,内部控制也可以由顺序化向并行化发展。这种方式可以使企业的设计、制造、销售、工业工程等人员并肩工作,共同控制企业的物流和信息流。

2. 提供开放沟通管道

开放的信息系统为内部员工、管理者,以及顾客、供应商等外部团体提供了开放的沟通管道,有利于内部沟通与外部沟通的进行,使得组织内的员工清楚了解内部控制制度的规定及各自的职责;管理者可以随时掌握内部控制制度的执行与生效情况,并可以从外部信息中获悉关于本企业内部控制功能的重要信息。

3. 注意信息质量问题

由于网络开放的环境很难避免非法侵扰,故会计信息系统很有可能遭受非法访问甚至黑客或病毒的侵扰。所以我们还应注意新环境下信息系统的信息质量问题。

在网络环境下,财务信息的传递借助于网络完成,电子符号代替了会计数据,磁性介质代替了纸张,财务数据流动过程中的签字盖章等传统交易授权手段不再存在,从而使网络信息的真实性受到质疑。以上这些都给内部控制提出了新的问题。

（五）监控

内部控制的程序化使得内部控制具有一定的依赖性，并增加了差错反复发生的可能性。信息技术的应用，使得内部控制具有人工控制与程序控制相结合的特点。这些程序化的内部控制的有效性取决于应用程序，如果程序发生差错或不起作用，由于对计算机系统的依赖性、麻痹大意及程序运行的重复性，会使得失效控制长期不被发现，从而使系统在特定方面发生错误或违规行为的可能性较大。因此，在网络环境下更应注意对内部控制的监控，应由专业的人员在适当的时候及时评估控制的设计和运行情况。

综上所述，信息技术的应用使得内部控制框架的内部构成产生了新的变化，为提高企业内部控制效率、增强内部控制效果带来了新的机会，也产生了潜在的风险。与手工会计系统的内部控制制度相比较，信息系统下的内部控制制度是范围扩大、控制程序灵活多样的综合性控制，既是职能部门和计算数据处理部门并重的全面控制，也是人工控制和计算机自动控制相结合的多方位控制。

四、互联网财务信息系统与内部控制的辩证关系

（一）互联网财务信息系统是内部控制的环境

现代网络企业都拥有一个较为完善的管理信息系统，互联网财务信息系统是其中的一个重要子系统，其最基本的职能是反映企业一定时间点的财务状况和一定时期的经营成果及现金流量，保证企业各项资产的安全完整。互联网财务信息系统提供的会计信息是企业高层管理员把握企业整体经营风险和财务风险的主要途径。没有互联网财务信息系统提供的信息，企业的整体内部控制就将无从下手。

（二）互联网财务信息系统必须嵌入内部控制

现代网络企业经营规模日益庞大，社会影响力不断增强，为了准确反映企业财务状况、经营成果和现金流量情况，企业的互联网财务信息系统本身已经成为一个非常复杂的系统，故该系统需要完善的控制程序，同时在其内部应设置相应的控制准则和控制标准。在财务信息系统建设的过程中嵌入内部控制体系是非常重要的，特别是对事项驱动型的互联网财务而言。建设流

程管理系统,设计实时控制模式和方法,是实现互联网财务内部控制的重要途径。如果不能在互联网财务信息系统中嵌入内部控制的程序和方法,则互联网财务的内部控制将无法有效实施。

第二节 互联网财务管理内部控制特点

一、互联网财务的特点

互联网财务本身既是一个网络化的会计信息系统,又是一个事项驱动型的会计信息系统。它具有以下七个特点。

(一)工作环境网络化

互联网财务的突出特点是网络工作环境。通常来说,因特网是互联网财务有效运行的平台,网络机房和服务是互联网财务系统运行的发动机,而数据库则成为信息存储和数据处理的核心。

互联网财务是对"事项"进行记录、描述和管理的会计信息系统,离不开数据库技术的支持,因为数据库是全部事项的信息仓库,是所有操作的数据平台。

(二)计算机设备成为主要的操作工具

互联网财务信息系统的操作工具不再是传统的凭证、账簿、笔墨、算盘、计算器,而是计算机、读卡器、POS 机、网络设备及各类办公自动化软件、专业财务软件等。

(三)工作流程网络化

在互联网财务信息系统中,所有人员的工作都在一个开放的网络中进行,基本账务处理的流程发生了变化。许多工作均通过网络来完成,如网上申报、网上审批、凭证传递、数据更新、信息沟通等网络应用越来越多。

(四)工作效率大大提高

互联网财务信息系统借助计算机信息技术将过去烦琐、重复的人工劳动转变为利用计算机自动处理,大大提高了工作效率。随着信息技术的发展,系统软件越来越完善,越来越向智能化发展。减少人工干预,将更多的工作程序化，由核算型向管理型、决策型转化是互联网财务信息系统发展的方向。

（五）会计信息提供更具个性化

互联网财务信息系统改变了传统会计信息系统"会计部门—信息使用者"的单向系统提供模式，使得信息使用者拥有更多的自主选择权。与传统会计信息系统不同的是，网络财务信息系统强调，在不完全了解信息使用者的需求和决策模型的情况下，会计部门应立足于提供各种可能的与决策模型相关的经济事项，由信息使用者自己根据决策需要对数据进行剪裁，这样更能提高会计信息的决策有用性。由于直接面向使用者，使用者可以依据自己的需要从企业最原始的数据出发获取信息并进行数据加工，同时信息使用者不再仅限于管理人员，还包括众多个人信息用户。显然，这种双向模式使互联网财务信息系统赋予了使用者更多自主选择会计信息的权利，极大地提高了会计信息的使用效率，使会计信息的公开性提高，信息提供更具个性化。

（六）信息共享性大大提高

互联网财务面向业务事项本身，改变了传统会计信息系统各个职能部门信息相互隔绝的状态，并将所有信息存储在共同的数据库中，使得会计信息集合程度更高，而且由于财务数据与业务数据具有共同来源，各级职能部门均可使用同一数据库的原始数据（当然，对其使用具有严格的权限控制）。除了财务部门的信息共享外，财会部门和单位其他部门也可以通过开发集成数据接口，开放和共享一些公共信息来提高这些公共信息的同一性和准确性。

（七）信息处理及时性提高

在网络环境下，对企业来说，生产、销售、人事、仓储等各个分支部门可借助网络将各自的信息实时传输到企业的统一资源数据库中，再由财务部门实时处理后将相关信息反馈回去，从而可使财务部门和其他职能部门随时保持沟通；在对外公布方面，企业可以通过网络技术在保证自身数据安全的基础上将企业自身的动态数据信息实时传送给各相关部门的信息使用者。各种信息使用者通过网络便能实时了解目标企业运营状况，这使得信息处理速度明显提高，互联网财务信息系统信息处理的及时性也大大提高了。

二、互联网财务内部控制的变化

互联网财务信息系统的上述特点使得互联网财务内部控制和传统会计内部控制相比发生了很大变化，主要表现在以下四个方面。

（一）内部控制环境

对于互联网财务信息系统而言，由于其完全依靠计算机、网络等进行工作，所以传统的控制环境在互联网财务信息系统中已不存在。它的内部控制环境更多是以网络、数据库、信息和数据的传递等虚拟环境为主。

（二）内部控制的范围和内容

对于互联网财务信息系统而言，内部控制的范围在扩大，其内容也发生了很大的变化。控制范围主要增加了网络控制和系统控制，其中网络控制包括网络的安全、病毒防护等，系统控制包括系统的设计、开发、软硬件的运行维护等。新的控制范围带来了新的控制内容，主要包括：网络安全控制、数据库安全控制、病毒防护；系统的设计、开发，软硬件的运行维护，使用权限和口令的控制，计算机数据处理的程序和控制等。

（三）内部控制的重点

网络信息系统自身的特点，决定了内部控制的重点和传统会计内部控制有很大的不同。传统会计主要是对人的控制，其重点是凭证、账簿和报表的核对、签字盖章等。

互联网财务信息系统建立起来后，很多原来需要人工完成的工作转为由计算机程序自动完成，因此内部控制的重点由对人的控制转变为对人机进行控制，其内容包括网络、系统的安全，数据的备份，会计原始数据的输入，会计信息的输出，人机交互处理控制，会计信息访问权限控制及不同系统间的连接控制等。也就是说，在互联网财务信息系统中，除了会计核算和业务管理的控制外，对信息系统本身的控制将是重中之重。

（四）内部控制的手段

由于控制环境的变化、内部控制范围的扩大，互联网财务信息系统拥有了新的控制内容，内部控制的重点也转向网络和系统方面，内部控制的手段也有了很大的变化。传统的会计主要采用的是严格的凭证控制制度，采用相关人员签字盖章、交易处理等文字痕迹审核等内部控制手段。而在互联网财务信息系统中，对网络、系统等方面的控制往往是看不见、摸不到的，这主要靠一些计算机设备和信息技术来实现。同时，业务处理方面的控制，主要依靠交易授权、人员权限控制、相关业务的程序化控制来实现。❶

三、互联网财务内部控制的优势及难点

（一）互联网财务内部控制的优势

1. 交易授权自动完成

在企业管理中，交易授权可确保会计信息系统处理的所有重大交易都是真实有效的，业务都是实际发生而且符合管理当局目标的。交易授权是企业内部的控制手段。在传统企业管理中，交易授权先由人为设定控制程序，再由经办人员执行；在网络环境下，由于企业信息处理高度集成，特别是原来许多通过手工完成的工作内化于计算机软件中，故通过设定软件和数据使用权限即可自动完成交易授权活动。在网络环境下，多数交易授权都可以通过计算机程序自动实现，无须外力介入。

2. 监控与操作的分离实现系统的有效牵制

在网络环境下，部门工作人员大大减少，多数工作由计算机自动统一执行，不再需要以多人重复劳动为代价的"多方牵制"内部控制手段。在互联网财务信息系统中可以设置操作与监控两个岗位，通过对每笔业务同时进行多方备份，把会计人员处理账务时的操作和结果数据同步记录在监控人员的机器上，有利于监控人员即时审查。通过岗位划分、设定系统权限、使用信息技术便可实现有效牵制。

3. 数据处理由系统自动完成，提高了工作效率及准确性

互联网财务信息系统很大的一个优势就是把原来手工进行的数据处理工作变为由系统自动完成。会计人员录入记账凭证后，总账、明细账、日记账等各类账簿都根据凭证内容由计算机自动登记完成。同时，各类报表也由计算机根据设计好的报表格式及计算公式自动计算填列，这使得工作效率大大

---

❶ 刘媛，姜剑，胡琳．企业财务管理与内部审计研究［M］．郑州：黄河水利出版社，2019：152.

提高，数据的准确性也能得到保证。这样，传统会计中账簿、报表的正确性检查在信息系统中就完全没有必要了。当然，这也带来了内部控制方面的一个难点，就是数据的无痕迹修改问题，这将在下面予以论述。

4. 通过程序控制相关业务流程，实现核算要求，减少人为错误

在互联网财务信息系统中，大多数的核算要求、业务流程可以通过系统进行控制。例如，在系统中设置好会计科目的核算内容，则某笔经济业务应该由哪个科目支出，计算机均有严格的控制，违反了控制规则，凭证就无法录入和保存。再如，一些业务流程也可以在系统中设计好，这样计算机就会严格按照程序执行。很多原来由人控制和执行的东西，都可以程序化地嵌入到系统中，由计算机来严格执行，从而可以避免人为因素的影响，使可靠性大大提高。

网络技术对会计信息系统内部控制的促进和完善远不止以上几个方面。例如，它在提高会计工作效率、减少人力劳动的同时，也可使企业内部控制更加有效。其突出表现是提高了系统内部信息传递的及时性，从而使系统错误可在短时间内被发现，减少了由错误带来的累计损失；使控制措施程序化，减少了人为因素的影响和执行的偏差，提高了效率和会计信息的质量。另外，网络技术使单位各个职能部门之间的资源实现了共享，便于同一笔经济业务的相互核对和稽核。

（二）互联网财务内部控制的难点

互联网财务信息系统的建立带来了许多新型的控制技术和手段，使我们的工作越来越快捷和便利，并完善了传统内部控制的含义和内容。但它同时也带来了许多问题和困扰，具体表现如下。

1. 网络安全控制的问题

人们在享受网络服务的同时，一直受网络安全问题的困扰。目前，各种对系统的恶意攻击、病毒的传播、数据库的侵入都是通过网络这一唯一的途径进行的，而且网络是没有绝对安全的，因此网络安全问题不容忽视。

2. 系统和数据安全的问题

互联网财务信息系统的安全性问题，归根结底就是系统和数据的安全。硬件设备的损坏可以通过维修、更换来解决，但是数据的损坏和丢失是难以弥补的。在传统会计环境下，所有的会计数据都是用具体的纸质记载下来的，如凭证、账簿、各类报表等，并且这些数据和资料作为会计档案有着严格的管理制度。但是在互联网财务信息系统中，系统和数据很容易被盗用、篡改、破坏，而且事先不容易察觉。因此，系统和数据的安全是会计信息系统内部控制面临的又一个难题。

3. 系统维护人员控制的问题

在传统会计中，是不存在系统维护这一岗位的。但是在互联网财务信息系统中，它是一个极其重要的岗位。尤其是具有最高权限的系统管理员，他肩负着整个系统的运行维护工作，掌握着系统的各类密码，能够访问系统核心数据库，是整个信息系统安全的守护者。缺乏有效监控的过高权限又使得这一岗位成为系统安全的一大隐患，这是很矛盾的一个问题。要想解决这一问题，一方面，应提高系统管理员的职业道德水平和专业素质；另一方面，应采取有效的控制手段对系统管理员的工作进行监督和控制。

4. 各种业务控制实施的问题

在传统会计下，财会人员分工明确，有严格的业务流程，每个步骤都需要相关人员签字盖章予以确认。虽然这样做工作量大，比较烦琐，但内部控制制度能够切实执行。互联网财务信息系统建立起来后，很多工作均由计算机自动完成，原来的签字盖章不再适用，业务处理的过程很难被观测、审核和监控。如何在不影响工作效率、不增加工作量的情况下，实现内部控制制度的有关要求，是互联网财务信息系统内部控制具体执行的难点所在，这不仅需要有完善的内部控制制度，更需要信息技术、IT设备的强有力支持。

第三节　互联网财务管理内部控制体系设计原则

一、互联网财务内部控制的设计原则

（一）合法、规范原则

互联网财务内部控制的设计应当遵循国家有关财经法规及单位自身有关管理制度的要求，以保证每一项经济活动在合法、合规的状态下开展。

（二）成本与效益原则

由于互联网财务信息系统自身的特点，内部控制不可能做到尽善尽

美,而且相对于传统会计内部控制来说,互联网财务信息系统的内部控制在软件和硬件的投入方面也要大得多,因此,需要讲究成本效益原则。一般来说,控制程序的执行成本不能超过可能由风险或错误造成的损失或浪费,基本标准是实行控制的收益应大于其成本,否则再好的控制措施和方法也将失去存在的意义。

(三) 针对性强原则

互联网财务的内部控制应该有很强的针对性,应该依据互联网财务内部控制的优势和所面临的难题,针对内部控制的薄弱环节,找出关键控制点,制定具体的内部控制程序和相应的实施手段。

(四) 内控严疏和效率高低协调的原则

单纯从会计工作上来讲,需要最为严格的内部控制。但是如果内部控制实施后使得原本简洁的工作流程变得复杂,工作效率大幅降低,则该内部控制制度并没有可操作性,故应该在这两者之间找到一个最佳结合点。

(五) 重要性原则

互联网财务的内部控制应该突出重点,照顾一般。在把握事项的重要性方面,应该考虑该事项对系统、业务性质、金额大小的影响力的重要程度等。

(六) 安全性原则

和传统会计内部控制不同,互联网财务首要的内部控制就是安全性问题,其中最核心的就是系统和数据库的安全。系统不安全,就无法正常运转,就不能提供可靠的会计信息。数据库一旦被破坏,其损失将是无法弥补的。

(七) 实用性原则

互联网财务内部控制的建设,是以理论为依据的,但绝非为了研究理论而建设,因此,实用性是非常重要的原则。内部控制的建设不是仅仅制定一个原则并把它挂在墙上,而是能够将其切实有效地贯彻执行。要特别注重将内部控制嵌入系统中,并利用各种信息技术、IT设备等有效的手段来实施。

(八) 一般性原则

一般性原则也就是传统会计内部控制所说的相互制约、职责分离、审批监督等原则，这些原则在互联网财务内部控制中依然有效，所不同的是要将它们嵌入系统中，并将人工控制转换为程序控制。

（九）发展性原则

随着单位情况的发展变化，以及系统的完善和发展，互联网财务的内部控制环境也将随之发生变化，控制的关键点和内容也会有所变化。内控建设应该始终关注上述因素的变化，定期评估并适时做出调整，以适应企业财务管理的发展需要。

二、互联网财务内部控制的主要内容

基于以上对互联网财务内部控制整体框架的分析，可以认为互联网财务的内部控制主要包括以下四个方面。

（一）网络控制

网络是会计信息系统运行的平台，网络控制的主要内容是网络安全控制。网络安全方面的威胁主要包括外部网络的安全威胁、内部网络的安全威胁、网络病毒的威胁等。

（二）系统控制

系统控制包括信息系统的开发控制、维护控制，对服务器、客户端的运行控制，系统身份认证和权限控制等。

（三）数据库控制

互联网财务最重要的就是数据库的安全。这部分的控制内容主要包括数据库安全防护、数据库操作权限的控制、数据库使用变动情况的实时监控和事后审计、数据库的备份和恢复机制等。

（四）具体业务控制

具体业务控制主要是涉及财务管理中业务流程的具体工作控制。它包括岗位设置、职责分工、授权批准、信息输入控制、信息流程控制、数据处理控制、数据输出控制与重要业务的实时监控等。每个单位根据自身信息系统的具体情况和要求，会有不同的控制内容。

三、互联网财务内部控制体系的设计流程

(一) 明确控制目标

互联网财务内部控制的目标,是指通过控制所要解决的问题和所要达到的目的,可概括为以下六个方面。

1. 确保系统的合规合法

信息系统与手工业务操作一样,其本身及其所处理的经济业务必须符合国家的有关法律、法令、方针、政策,以及有关部门颁布的各种规章制度、条例等,如现行的会计制度、财务制度等。因此,在设计系统的过程及系统运行阶段中,必须建立适当的内部控制,确保系统及其所处理的经济业务合规合法。

2. 保证系统处理数据的正确无误

保证系统处理数据的正确性,是互联网财务内部控制的基本目标。为了保证系统处理数据的正确性,在系统设计过程中,要注意设计程序化的控制,如平衡控制、合法性控制、综述核对控制、合理性检验、纠错系统检验、输入数据类型检验、顺序检验等。在系统运行过程中,要对数据输入环节进行严格的控制,确保输入数据的正确性。

3. 提高系统的安全性

保证计算机系统的安全可靠,是系统能够正常运行的前提和基础。因此,在系统正式投入运行之前,就应考虑系统的安全性。应通过建立严密完善的硬件、软件和数据安全措施来保证系统安全、可靠。

4. 提高系统运行的效率

信息系统的运行效率在很大程度上取决于输入数据的速度。因此,在系统输入设计中,可采用适当的控制设计技术,提高系统输入的效率。例如,在互联网财务信息系统中,可采用计算机自动生成凭证编号,以编码的形式输入会计科目,规范摘要的格式,用代码输入常用的摘要等方式。

5. 提高系统的可维护性

系统维护的工作不仅量大而且复杂。可维护性是指系统易理解、易修改和扩充。为了达到这一控制目标,从系统开发工作开始,就应该考虑到今后的维护工作。在系统开发过程中,必须对系统开发的每一个环节进行严格的

管理和控制。

6. 增强系统的可审计性

所谓可审计性，是指有能力、有资格的审计人员，能够在一个合理的时间和人力限度内，对系统的正确性和可靠性等做出公正的评价。影响计算机信息系统的审计线索既容易被销毁，也容易被篡改，若设计时考虑不周，则很难进行事后审计。因此，只有在计算机信息系统的输入、处理和输出等设计环节采取适当的控制措施，如在互联网财务信息系统中设立总账、明细账、记账凭证等各种数据库，才能保留各种审计线索，也才便于对会计数据进行追踪审查。

（二）进行风险评估

风险评估主要包括对网络风险、系统风险、信息风险进行评估。

（三）设置关键控制点

在对互联网财务所面临的网络风险、系统风险、信息风险进行评估后，应针对各类风险设置关键控制点。

（四）进行流程设计

要优化互联网财务业务流程，必须将其和控制体系结合起来，同时应根据互联网财务的特点进行会计业务流程再造，建立财务一体化流程。

第四节 互联网财务管理内部控制的实现

一、网络控制

对于网络控制而言，网络安全是其最主要的控制内容。

（一）网络安全面临的主要威胁

网络安全面临的主要威胁包括网络机房的安全；各种病毒的破坏；由内部用户的恶意攻击、误操作等造成的系统破坏；来自外部网络的攻击。来自外部网络的攻击具体有以下三种：①黑客的恶意攻击，窃取信息；②通过网络传送的病毒和 Internet 中的电子邮件夹带的病毒；③来自 Internet 的 Web 浏览可能存在的恶意 Java/Active X 控件。除上述四种威胁外，还有缺乏有效的手段监视、评估网络系统和操作系统的安全性。目前流行的许多操作系统均存在网络安全漏洞，如 UNIX 操作系统、Windows 操作系统。

（二）网络控制方法

网络控制方法主要有以下两种。

1. 配置硬件设备

主要是指加强控制中心（网络机房）的安全建设，配置硬件防火墙、入侵检测设备和防病毒网关等网络安全防护设备和网络版防毒软件。

2. 加强制度建设

对于网络控制，除了部署安全防护设备外，还应加强制度建设，如机房管理制度、网络管理制度、设备管理制度等。

二、系统控制

系统控制主要包括对操作系统和各类应用系统的控制。对系统进行控制时，除了应利用信息技术设备外，还应加强安全管理制度的建设。

（一）操作系统控制

操作系统是整个互联网财务运行的平台，其安全性至关重要，因此系统控制首先应做好操作系统的内部控制。由于操作系统面向所有的用户，再加上自身的缺陷，所以它时刻面临着来自各方面的潜在威胁，包括系统内部人员的滥用职权、越权操作和系统外人员的非法访问甚至破坏，还包括各类针对操作系统的网络攻击，以及各种各样通过操作系统破坏整个互联网财务信息系统的计算机病毒等。要提高操作系统的安全可靠性，除了要尽可能地选用安全等级较高的操作系统产品，并经常进行版本升级外，还应在日常管理控制上采取以下措施。

（1）指定专人对系统进行管理，删除或者禁用不使用的系统默认账户。

（2）制定系统安全管理制度，对系统安全配置、系统账户及审计日志等方面做出规定。

（3）对能够使用系统工具的人员及数量进行限制和控制。

（4）定期安装系统的最新补丁程序，对可能危害计算机的漏洞进行及时的修补，并在安装系统补丁前对现有的重要文件进行备份。

（5）根据业务需要和系统安全分析确定系统的访问控制策略。系统访问控制策略拥有控制分配信息系统、文件及服务的访问权限。

（6）对系统账户进行分类管理，权限设定应当遵循最小授权要求。

（7）对系统的安全策略、授权访问、最小服务、升级与打补丁、维护记录、日志及配置文件的生成、备份、变更审批、符合性检查等方面做出具体要求。

（8）规定系统审计日志的保存时间，为可能的安全事件调查提供支持。

（9）进行系统漏洞扫描，对发现的系统安全漏洞进行及时修补。

（10）明确各类用户的责任、义务和风险，对系统账户的登记造册、用户名分配、初始分配、用户权限及其审批程序、系统资源分配、注销等做出规定。

（11）对账户安全管理的执行情况进行检查和监督，定期审计和分析用户账户的使用情况，对发现的问题和异常情况进行相关处理。

（二）应用系统控制

应用系统控制包括系统开发控制和系统运用维护控制。

1. 系统开发控制

（1）系统方法控制。由信息化管理部门具体负责系统方案的制订。他们首先要到相关部门进行充分的调研，做出详细的需求分析。在方案设计出来后，由相关领导、信息管理部门、系统使用人员等对功能实现情况进行讨论，进行项目可行性和实用性的研究和分析后再确定开发方案。

（2）开发过程控制。如果是自主开发，首先，要明确各个阶段的任务、人员分工、文档编制等内容；其次，要求开发工具、开发文档编制标准化和规范化，这样有利于系统开发的分工合作和今后的运行维护；最后，每一个阶段的工作结束后，要形成阶段开发报告，经论证审定后才能进入下一阶段，并作为下一阶段的依据。如果是委托软件商开发，应与软件商签订开发协议，明确知识产权的归属和安全方面的要求，提出详细的要求报告。

（3）系统测试和验收控制。在网络环境下，应利用网络在线测试功能，检验整个系统的完整性、可靠性，并对数据的容错能力、系统抗干扰能力和发生突发事件的应变能力及系统遭遇破坏后的恢复能力进行重点测试，以核实既定控制功能能否在系统中得以有效实现。一旦发现网络系统中的各类软件存在漏洞，应立即进行在线修补与升级，并将所有与软件修改有关的记录报告即时存储归档。在系统正式使用前，应组织专家、软件商、使用单位进行系统验收，形成验收报告。验收内容主要包括：系统是否安全，是否达到设计方案和合同规定的功能要求，系统技术文档是否交付完整，软件包是否经过检测且不含有恶意代码。

2. 系统运行维护控制

（1）系统的运行维护由系统管理员负责，除此之外不得再有其他登录系统的账户和密码。

（2）系统工具职能由系统管理员进行控制，并由他负责系统安全配置、系统账户及审计日志等的管理。

（3）应定期安装系统的最新补丁程序，对可能危害计算机的漏洞进行及时修补，并在安装系统补丁前对现有的重要文件进行备份。

（4）其他控制内容与操作系统控制类似。

3. 设计 USB-Key 的数字认证体系，实施系统内部控制

该系统主要用于数据库的身份认证、权限管理。通过 USB-Key，能实现多种控制模式，这对建设统一的数字认证门户、控制数据库的访问、保证数据安全、监督系统管理员的工作有着重要的作用。

（1）什么是 USB-Key。简单来说，USB-Key 就是具有 USB 接口的硬件数字证书，它是与 PKI 技术相结合开发的符合 PKI 标准的安全中间件。利用 USB-Key 来保存数字证书和用户私钥，并向应用程序开发商提供符合 PKI 标准的编程口（如 PKCS#11 和 MSCAPI），有利于开发基于 PKI 的应用程序。作为密钥存储器，USB-Key 自身的硬件结构决定了用户只能通过厂商编程接口访问数据，这就保证了保存在 USB-Key 中的数字证书无法被复制，并且每一个 USB-Key 都带有 PIN 码保护，这样 USB-Key 的硬件和 PIN 码便构成了可以使用证书的两个必要因子。如果用户的 USB-Key 丢失，获得者由于不知道该硬件的 PIN 码，也无法盗用用户存在 USB-Key 中的证书。与 PIN 技术的结合使得 USB-Key 的应用领域从仅确认用户身份扩展到了可以使用数字证书的所有领域。

（2）基于 USB-Key 的数字认证系统的实现手段。①制作 USB 接口的硬件数字证书；②将"原用户号+密码"的认证方式改为了"数字证书+用户号+密码"；③建立一个信息系统数字认证软件对所有应用系统和数据库进行集成认证；④该硬件证书应包括使用人基本资料（如姓名、性别、科室、所在工作组等）、财务软件的进入权限、财务软件的具体操作权限；⑤可以修改该硬件证书使用人资料，但权限仅由所在工作组确定。

（3）互联网财务信息系统的数字认证设计。①互联网财务信息系统的内部控制依托硬件数字人数实现；②一般操作使用单证书认证，重要的操作使用双证书或三证书同时认证；③将工作组分为财务负责人、系统管理员、单一软件主管、复核、审核（业务操作员）、查询；④系统管理员、单一软件主管工作组的成员由财务负责人进行认定和调整，复核、审核（业务操作员）、查询等工作组的成员由单一软件主管进行认定和调整，财务负责人不具有具体业务操作权限；⑤系统管理员负责整个信息系统的维护，但不具有具体业务操作权限；⑥数据库操作、数据初始化等由系统管理员具体执行，但需要财务负责人、单一软件主管和系统管理员的数字证书共同认证后才可进行，并在系统日志中予以记载；⑦重要的业务操作（由涉及的金额、性质区分）需由业务操作人员和软件主管双证书共同认证后才能执行，或者由业务操作人员预执行，再由软件主管或者财务负责人复核认可后转为正式数据。

三、信息控制

对于互联网财务而言，保证数据安全和实行正确的信息控制是最为重要的。信息控制主要包括以下两个方面的内容。

（一）数据库的内部控制

在互联网财务中，数据库的安全是重中之重，因此，对于数据库的控制应该十分严格。

（1）对数据库的操作只允许通过客户端软件进行，没有特殊原因，任何人不得进入后台数据库。

（2）建立数字认证系统，将数据库的访问模式设计为"USB-Key+用户名+密码"，以加强数据库访问的权限控制。

（3）对于特殊原因需要直接进入后台数据库的操作，需由财务主管审批，并持财务主管的硬件证书和系统管理员证书共同进行身份认证后才能进入。

（4）禁止数据库的远程访问，软件商的维护人员不得自行进入后台数据库，如工作需要，需由系统管理员通过审批后执行。

（5）配置数据库审计系统，对重要的数据库操作进行实时监控，设置异常操作报警机制，同时记录日志作为日后审计的凭据。

（6）每周整理数据库审计记录，对进入后台数据库、未经客户端的数据修改进行重点审查。

（二）数据的备份和恢复

互联网财务的信息都是采用电子数据进行存储的，故必须建立一套备份与恢复机制，以确保出现自然灾害、系统崩溃、网络攻击或硬件故障时数据能够得到恢复。备份和恢复系统应具备以下条件。

（1）支持大容量存储。

（2）支持异地备份和恢复。

（3）具有跨平台的备份能力。

（4）支持多种存储介质和备份模式。

（5）支持自动恢复机制。

（6）对数据库服务器建立双机热备系统。

在完善数据库备份与恢复的硬件和软件系统的同时，建立严格的数据库备份与恢复管理制度是非常必要的。管理制度主要应该包括以下几个方面的内容。

（1）应识别需要定期备份的重要业务信息、系统数据库及软件系统等。

（2）应规定备份信息的备份方式（如增量=备份或全备份等）、备份频度（如每日或每周等）、存储介质、保存期等。

（3）应根据数据的重要性和数据对系统运行的影响，制定数据的备份策略和恢复策略。备份策略应指明备份数据的放置场所、文件命名规则、介质替换频率和将数据离站运输的方法。

（4）应指定相应的负责人定期维护和检查备份及冗余设备的状况，确保需要接入系统时能够正常运行。

（5）根据设备备份方式，规定备份及冗余设备的安装、配置和启动的流程。

（6）应建立控制数据备份和恢复过程的程序，记录备份过程，并妥善保存所有文件和记录。

（7）应根据系统备份所采用的方式和产品，建立备份设备的安装、配置、启动、操作及维护过程控制的程序,记录设备运行过程中发生的状况,并妥善保存所有文件和记录。

(8) 应定期执行恢复程序,检查和测试备份介质的有效性,确保可以在恢复程序规定的时间内完成备份的恢复。

四、业务流程的实时控制

(一) 实时控制理论模型

事项驱动型的互联网财务是业务流程和信息处理流程的集成,加之在网络环境下,业务活动的自动化处理代替了人工处理,存储介质也由磁介质代替了纸张,所以在对待如何完成对交易数据的正确获取这一目标上,就不能采取事后进行一致性检查等传统控制手段。又由于业务是通过网络实时发生的,人员干预的成分较少,故必须实施事中控制,即实时控制。既已识别事件驱动型互联网财务的有关风险,就应该在风险发生时尽可能地控制它,并对业务的合法性和合理性进行充分检查,使之符合既定的业务规则。这不仅需要在业务或信息处理发生时检查和管理与事项相关的规则、政策,还需要将控制程序化,即在系统的设计和开发阶段把控制规则编写成源程序代码并嵌入到业务事件的执行过程中,使各项控制由计算机自动完成,从而降低错误和舞弊发生的可能性。当然,在网络环境下,要使人们正确树立会计实时控制观念,还必须进一步深入研究互联网财务的流程再造、实时控制方法、实时控制模式等理论问题,不断丰富和完善互联网财务实时控制系统,使其高效、安全、正常运转,最终保证互联网财务实时控制目标的实现。

(二) 会计流程再造

1. 会计流程再造的意义

在互联网财务中,传统的会计业务流程已无法适应,因此,"流程再造"是必要也是必需的。所谓"流程再造",就是指利用技术改变传统会计中的管理流程、业务流程及会计流程,并将这三种业务流程集成,以实现会计的实时控制❶。它的实质就是采用所谓的基于"事项驱动"的方式,再造传统

---

❶ 董艳丽. 新时代背景下的财务管理研究 [M]. 长春:吉林人民出版社,2019:51.

会计和信息系统的业务流程。在互联网财务中，这种基于"事项驱动"方式的会计业务流程有以下几个特点。

（1）实现了源数据库的共享。这种系统结构将物理上分散的企业的多个数据库在逻辑上集中起来，并支持不同层次、综合性的信息需求。经过标准编码的源数据信息，可以满足企业外部所有信息使用者的需求，使数据库真正做到同出一源，实现共享。

（2）实现流程间的合作。业务流程、会计流程（信息流程）、管理流程之间能够紧密合作，各部门之间信息协调的状态可以得到缓解。

（3）提供实时财务报告。由于信息处理与业务活动的执行过程是同步的，能够实施会计的事中控制，且系统能就违反规则的活动实时地向负责人发送异常情况报告，或者阻止舞弊活动的执行，故可使系统预防风险的能力大大提高。

2. 建立财务业务一体化流程

无论是传统会计，还是目前普遍使用的会计信息系统，其会计流程的起点主要还是依据经营活动发生时的各类原始凭证编制录入记账凭证，实际上仍然是事后算账。要实现互联网财务的实时控制，打破传统会计流程，充分发挥网络信息技术的优势，建立财务业务一体化流程是非常必要的。

3. 财务业务一体化平台的实现

（1）充分利用网络平台和信息技术。网络平台是信息共享的基石，数据库、电子商务等信息技术的发展和不断完善是财务业务一体化流程得以实现的强有力的支撑工具。充分利用网络平台和信息技术，可以为实现实时获取信息、实时控制业务事项、实时生成信息、实时报告信息的全新流程打下坚实的基础。

（2）数据的存取和管理。财务一体化流程包括三个基本库，即业务事项数据库、模型库和方法库。三库通过中间的信息处理器进行数据的存取和管理，为企业财务运营、控制和决策提供依据。当业务事项发生时，探测器（即信息系统中的事项获取模块）会实时获取事项信息，将所有原始数据适当加工成标准编码的源数据；同时记录业务事项的个体特征和属性，并将其集成于一个业务事项数据库中，而不是任由数据分散、重复存储于多个低耦合系统中。业务事项数据库不仅记录符合会计事项定义的业务事项，而且记录管理者想要的计划、控制和评价的所有业务事项，还存储业务活动中的多方面细节信息，任何授权用户都可以通过它所存储的数据来定义和获取所需的有用信息。

方法库是财务决策得以实现的一个基础。系统要求有一个完善的方法库以进行有效支撑。方法库用于存放信息提取规则、业务处理规则和控制规则，以及不同的确认和计量规则。在信息使用者使用会计信息时，系统可以根据不同目的，选择不同的确认和计量规则，并将其组合成与信息使用者决策最相关的会计信息内容。此外，方法库中也包括一些基本数学方法、数据统计方法、经济数学方法、预测方法、评价方法、优化方法、仿真方法、决策方法及投入产出方法等。

模型库是分析问题、提供合理决策方案的基础。模型库中存放有用户求解问题所需的各种模型，如专用模型、通用模型及在求解问题时所建立的临时模型等。该模型库可以实现模型的生产、组合、运算及模型的增、删、改一体化运作。模型库中的模型主要分为类汇总模型、财务报告模型、财务分析模型、预测模型、决策模型等。采用事项驱动的原理，将模型库与业务事项数据库相连接，在事项驱动的方式下，可以把信息使用者所需要的信息按动机不同划分为若干事项，并可为每一种事项设计相应的过程程序模型，当决策者需要某种信息时，驱动相应事项程序，即可得到相应的信息。

（三）实时控制方法

完成了会计流程再造后，实现互联网财务的实时控制便可成为可能。在网络平台和信息技术的支持下，可通过识别结构化控制规则和非结构化规则来设计不同的内部控制方法，并在信息系统开发时将一些规则嵌入系统中，或者设计一些管理控制模块，并将其和信息系统结合起来以完成实时控制。

1. 结构化控制规则程序化

在会计数据库处理过程中，判断会计数据处理是否正确是根据结构化规则进行的，其基本规则包括以下几种。

规则1：有借必有贷，借贷必相等。

规则2：资产＝负债+所有者权益。

规则3：上级科目余额＝其下属明细科目金额之和。

规则4：未审核凭证不允许记账。

规则5：审核人与制单人不允许为同一人。

上述规则是会计数据处理中的基本规则，同时也是"不相容职务相互分离控制""授权批准流程控制"等控制方法的具体体现。事实上，规则远不止这些，人们一直在不断探索、不断丰富和完善规则，以使会计处理流程更加规范。

2. 设计业务流程管理模块

为了实现互联网财务的实时控制，可结合再造后的新业务流程，设计出流程管理模块，并将其与会计信息系统相结合以完成内部控制工作。设计业务流程管理模块的目的在于不因为实施内部控制而影响业务流程的流转，降低工作的效率。该模块内嵌于信息系统中，可以实现信息的单向、双向、多向传递，可在线实时完成业务处理申请、处理结果批复，保证信息系统传递的时效性和授权审批等手段的实现。

业务流程管理模块主要包括如下一些功能模块：

（1）采购管理模块。采购管理模块主要用于实时获取从采购订单、出货、处理采购发票等一系列采购活动中的各种信息，并应用控制标准（如采购价格标准、采购费用预算等）、控制准则（如采购价格审批准则、采购发票控制准则等）以达到对供应商的选择和确定采购订单价格、处理采购发票等一系列活动的实时控制，为企业最大限度地降低采购成本、提高经营效率提供支持。

（2）销售管理模块。销售管理模块主要用于实时获取从销售合同签订到结束全过程的经营活动信息，并应用控制标准（如信用额度、销售费用预算等）、控制准则（如赊销控制准则、销售价格控制准则等）对销售订单价格进行严格控制、指导，约束销售行为，动态控制产品的分配量、现存量、不可动用量、销售在途量等，在提高资金回笼流量和流速的同时，保证企业经营效益目标的实现。

（3）库存与存货管理模块。库存与存货管理模块主要用于实时获取物料入库、出库、盘点、报废及结存等信息，并应用控制标准（如各种存货的最高储量、最长储存期、标准用量等）、控制准则（如超储或缺货控制规则、超出最长储存期的扣款规则等）实时控制存货的流量和流速，最大限度地降低库存资金占用，提高存货周转率。

（4）成本管理模块。成本管理模块主要用于实时获取成本中心信息、每道作业的信息，并应用控制标准（如材料成本、产品成本、作业成本等）、控制准则（如各种价差控制规则、各种量差控制规则、各种成本动因的控制规则）对标准成本和作业成本进行控制的同时，最大限度地降低作业成本、产品成本，提高企业经营效益。

（5）财务管理模块。财务管理模块主要用于实时动态地获取企业经营过程中的个人和部门费用、现金流入、现金流出等信息，应用控制标准（如利润中心控制标准、费用中心控制标准、资金预算等）、控制准则（如个人借款限额规则、部门费用和总额费用规则等）严格按照预算对费用和资金进行实时控制，提高资金周转率，降低各种费用，最大限度地提高企业的经营效益。

针对以上各类业务，应制定相应的业务流程，在每个流程中规定各种业务的处理规则，并将其与业务流程管理模块相结合，以达到实时控制的目的。

3. 通过数字认证体系进行权限控制

权限控制法是指企业高层管理者给予企业员工或部门一定的权利和责任，限定其活动范围，防止无权限人员对经营活动进行非法处理的控制方法。权限控制法也是授权批准控制法。在经营过程中，应用权限控制法能够使会计控制系统在有效的控制下正常运行，并能严格执行内部控制制度，保证系统的安全性和保密性。实施权限控制法时，也需应用相应的结构化规则来指导、协调、约束经营活动。其基本规则是当某项经营活动或事件发生时，如果某人有权限，则可以处理该事件，否则不允许处理。权限控制法从控制内容看，既涉及财务事件，也涉及业务事件控制权；从控制范围看，既涉及某一具体事件，也涉及整个流程的控制权。

4. 建立实时监控系统

在互联网财务实时控制中，对各类重要业务和事项进行实时监控是非常必要的，因此，建立业务事项的实时监控系统至关重要，其具体内容如下。

（1）通过与各子系统的集成数据接口实时提取数据。

（2）对于需要监控的数据，根据各子系统通过业务事项的重要程度设置数据提取的条件。

（3）业务监控系统向不同级别和权限的人员实时提供相应的监控信息。

（4）在数据到达时进行实时信息提示。

（5）具有权限的人员登入业务监控系统后，未阅读的监控信息会自动提示阅读。

（6）对提取的监控数据存档备查。

综上所述，在互联网财务中，优化和再造业务流程能够将控制规则嵌入会计控制系统，使计算机能严格按照控制规则进行实时控制。这样不仅减少了人工控制的缺陷，规范了经营活动，而且有助于发挥财务对经营活动过程的实时控制，实现提高企业经营效率和效益的目标。

第四章　互联网时代下财务管理技术与方法创新

互联网时代使得企业产生了信息变革,企业拥有海量的交易数据、运营数据、财务管理数据,以及供应商数据等,在这些数据中隐含着难以计数的信息资源。因此,互联网时代的大数据分析对企业发展起到越来越重要的作用,同时对企业财务管理技术与方法的创新也有一定的引导作用。

第一节　互联网时代下预算管理创新

近年来,我国在会计准则国际趋同、会计信息化建设以及企业内部控制等各方面出台许多新制度与新指引,这对于规范我国会计管理以及会计国际化起到了非常重要的促进作用,并将管理会计推向了公众视野,使管理会计成为企业与社会关注的热点。全面预算管理作为管理会计的基础,也受到了越来越多的重视,随着互联网时代的到来,全面预算管理迎来了新的发展契机,探究互联网时代企业全面预算管理的发展趋势,有着重要的现实意义。

一、大数据与全面预算管理

全面预算管理指围绕企业战略规划,结合预算实现对企业各项资源的计划、分配以及考核等,组织并协调企业开展生产经营活动,确保企业生产经营目标实现的管理。全面预算既是控制企业生产经营活动的具体依据,也是企业决策的具体化,更是结合企业现有资源提升企业价值的有效方式。大数据如今已成为移动互联网时代的关键词,越来越多的企业通过各类互联网技术收集与挖掘高速度、大容量数据进行分析与使用。互联网时代,企业面对杂乱无章的数据海洋,如何高效应用数据,让大数据"活起来"?全面预算管理可谓企业应用大数据最好的方式。例如，针对预计利润表中产品销售收入实施穿透分析，利用全面预算管理的解决方案，能够得到不同产品类别以及不同时期等具体数据，有利于企业将预算数据与实际数据展开对比，进而找出问题的解决对策。总之，互联网时代，无论小企业还是大企业，都会在网络上产生信息、关系以及行为等方面的数据，大数据也将成为现代企业非常重要的资产，缺少数据，缺少大数据思维，企业的发展也就无从谈起。全面预算管理作为现代企业内部管理控制系统核心内容，是企业实现"战略、业务、财务、人力"协调发展的重要手段。而大数据的深入应用则为企业全面预算管理的实施提供了极为重要的保障与技术支撑。

二、互联网时代下企业全面预算管理趋势

"互联网"与大数据没有改变企业管理的实质，但从根本上更新了信息的获取、分析、传递以及处理等方式。互联网时代，企业全面预算管理从战略目标分解到预算调整，再到分析以及考核等，其管理流程并没有更新，但大数据促使基础数据以及数据来源等发生根本性的变化，使企业全面预算的编制数据更为丰富与多元。

（一）预算控制更准确

在现有企业预算管理模式下，企业信息数据之间的动态联系普遍较少，企业财务人员疲于应付大量数据处理工作，预算管理无法发挥其预期效果，难以对企业经营决策提供有效指导。并且由于缺乏行之有效的企业数据共享平台，预算管理各环节都需要人工信息传递以及手工编制，无法及时控制，易导致执行同实际情况产生偏差。而互联网时代下的全面预算管理，利用互联网对企业大数据进行抽取与处理，形成企业行业数据、历史执行、对标数据等各项重要数据基础，全面提升预算编制精准性与科学性，利用整合后的大数据，重新构建预算分析来源并且融入对标分析内容，能够为企业管理决策提供更为全面的数据支撑。

（二）预算编制个性化与动态化

企业全面预算管理的不同环节互相制约与影响，在互联网时代下，传统的企业管理模式已经无法满足生产经营需求，基于大数据的全面预算管理则利用云端将企业海量数据汇聚到相关部门，实现预算编制个性化、预算分析

科学化以及预算控制精准化。企业可充分结合自身需求以及现存资源，有效利用市场中的海量数据，针对性编制不同部门预算，将每一个部门有效联结起来，构建起动态、实时、个性化的预算管理。同时，在预算管理执行过程中，由经营条件、政策法规以及市场环境等所产生变化而导致预算执行结果产生偏差的，可有效调整预算，利用企业以及企业储存在云端的大量信息数据资源，合理编制预算调整方案进行有效控制。

(三) 预算分析转变为事前

企业预算管理工作需定期对预算执行情况展开分析与总结，进而找出提升经营管理效率的路径。但传统预算分析模式通常为事后分析，所分析的数据多为已成的事实，等数据已经出炉后再实施事后分析，无法及时获取市场动态。而互联网环境下的企业预算分析能够实现对企业未知市场情况的预测，在业务发生的同时，相关各项数据也被汇聚到网络云端，并分析出实际数同预算数的差距，通过与其他企业的对比形成预算分析报告，进而提升预算分析的科学性与准确性。

三、互联网时代下企业全面预算管理系统的构建

(一) 基础体系构建

企业全面预算管理是一项系统工程，要想实施高效的全面预算管理，必须重视大数据应用的基础，稳扎稳打，完善企业自身预算基础管理体系。企业应结合自身特征以及所处预算管理水平，循序渐进做好全面预算管理工作，结合互联网技术构建起企业全面预算管理体系，设置全面预算管理的各个模块，同时制定出严格的管理制度。首先，基础数据显得尤为重要。如果基础数据准确性、透明性较低，不集成、不对称，整个预算管理工作都会受到影响。互联网环境下的企业全面预算管理工作所涉及的各类生产经营活动都能够以大数据应用为基础，因此企业可构建起大数据管理中心，负责日常大数据筛选、采集以及分析等工作，并参与到企业全面预算管理工作系统当中，为企业提供必要的大数据支撑。同时，也要利用软件即服务层，促进企业全面预算管理工作流程的标准化，构建起互联网时代的企业全面预算管理体系。

（二）预算编制体系构建

预算编制包括预算目标设立以及预算方案制定。预算目标设立是企业展开全面预算管理工作的基础，其直接决定企业预算工作导向的正确性。预算目标设立应当以企业战略目标为基础，利用大数据管理中心分析企业内部运营以及外部市场环境情况，定量或者定性分析企业各个经营生产环境应达到的水准。预算方案制定需要企业各个部门结合自身情况制定各自的方案，并在此基础之上进行协调与整合。在制定预算方案的过程中，企业可利用海量数据，基于大数据环境实现对预算编制组织结构的优化，结合云计算平台信息共享、集成功能，实现对数据的深入分析，进而提升预算编制方案的精确性，实现编制流程的紧密性。

（三）预算执行体系构建

大数据的云环境使预算审批以及执行控制流程更为透明化。利用云平台，可将预算审批各项职责落实到人，对各个流程的分析以及风险预测展开相对应程度的监管，提升预算控制的有效性。基于大数据，企业预算执行控制也更为便利。企业各个部门开始预算执行工作时，大数据中心对所有预算执行数据进行收集，并展开分析与监控，一旦发现同原本预算的差异，可及时对差异原因展开分析并反馈，引导各个部门通过反馈信息进行有效调整。若政策或者市场大环境发生变化，大数据管理中心则会及时将变动情况向预算管理与执行部门反映，并进行适当调整。如果数据差异较大，产生突发事件，大数据管理中心则会及时发出预警。

（四）预算评价体系构建

预算评价体系是对预算执行效果的分析与评价，对保证预算执行效果有着重要意义。预算评价体系构建具体包括预算执行过程评价与预算执行结果评价。预算执行过程评价体系构建：企业在预算执行过程中，大数据管理中心对企业的每一项活动过程数据进行实时全面采集，进而在预算考评工作中利用各项数据来评价预算具体执行效率。如结合预算执行期间各类突发事件处理数据分析企业面对危机的应变处理能力、调整能力等，并为后续企业全面预算管理工作提供数据支撑。预算执行结果评价体系构建：企业具体可应用平衡计分卡法构建评价体系，基于财务、客户、运营以及成长等几个方面展开评价，将执行结果同预算目标进行对比分析，同时与竞争企业以及行业平均数据展开差异分析，得出执行效果评价。在云平台动态数据监控与更新下，确保对员工评价、部门评价以及企业评价三部分的全面考核，提升预算评价的客观性与真实性。

在互联网时代下，任何领域都需要创新与变革，大数据的发展使传统预算管理已无法适应当前企业需求。大数据环境下，企业需掌握全面预算管理的发展趋势，提升全面预算管理在企业战略目标控制中的地位，加强对大数据工具应用与信息化建设，构建起高效的全面预算管理体系，提升企业预算管理水平，为企业发展战略提供必要支撑。

第二节　互联网时代下财务筹资活动创新

资金是企业的血液，是企业机体正常运转的保障，从严格意义上讲，企业的破产本质上就是资金链断裂。筹资活动是企业经营活动中获得持续资金流的过程，评价筹资活动的最重要指标是资金成本率。企业的筹资活动在诸如筹资的观念、筹资的方式、融资的渠道等方面均发生了变化，这就要求企业充分利用网络提供的优势进行筹资决策，为企业筹集适度低成本的发展资金。

一、创新筹资观念——由单纯"筹资"转向注重"筹知"

在互联网时代下，知识和掌握知识的人力资源将比资本和土地等有形资源为企业创造更大价值，要想保持企业活力、恰当地应对环境变化，人无疑是基础。人之所以重要，是因为其具有学习知识、将知识转换为现实生产力的主观能动性。实践表明：一个企业能否持续发展，关键在于是否拥有和掌握了新知识和新技术，进而能否形成核心竞争力。因此，在企业筹资活动中，所筹集的资本，应当既包括财务资本，又包括知识资本，尽可能多地从外部吸收知识资本，用以改善企业的软环境，同时还应有开发和培育知识资本的意识。这需要创新财务理念，以人为本，形成劳动者权益会计，将拥有创新知识的专业化人才以知识资本作价入股公司，形成所有者权益，将个人的报酬与企业业绩紧密联系起来，形成长效激励机制，激发人才为企业发展献计献策，实现企业价值最大化的财务管理目标。企业可以用自己的科技实力与其他公司联合，取得充足的资金，研发实现单个企业无法进行的项目。此外，企业还可以利用无形资产进行资本运营来扩大企业规模，包括特许加盟、无形资产抵押贷款等。青岛海尔在临时股东大会上，高票通过首期股票期权激励计划，获得股票期权的共49人，主要是海尔的董事、高管人员、公司和子公司核心技术骨干人员，他们将享有海尔1771万股的股份，这是现代企业由单纯"筹资"转向"筹知"的典型例子。之前实施股票期权激励计划的知名公司还有格力、海信。

二、拓展筹资工具——利用金融创新产品

在互联网时代下，动态多变的环境使得企业的经营具有高风险的特征，为了能在该环境中健康的成长，企业应改变其传统的融资方式，选择既容易被投资者接受，又能分散风险的方式。传统单一的融资方式缺陷明显：商业贷款的苛刻条件，尤其是银行为满足安全性和流动性要求，更多地采用抵押贷款，结果是贷款资金在整个资金来源中所占比重有下降趋势，对于高风险的中小企业，甚至基本上无法获得贷款。在股票融资中，投资者倾向于有累积股利的可转换优先股；可转换债券的负债和权益融资的混合属性投融资给双方带来的灵活性，使其成为债券融资的创新品种；由商业信用支撑的商业票据受制于工商企业自身的财务状况，其运用将越来越少。

为迎合广大投资大众和企业筹资活动的需要，金融机构会推出各种类的金融创新品种，增加企业筹资的新方式。目前，由基础金融工具和衍生金融工具所形成的金融产品数不胜数，仅有关合同一项条款的变动就会形成新的金融产品，常见的有期货、期权、货币互换，复杂一点的有房地产抵押贷款债券（MBS）、债务抵押债券（CDOs）和信用违约掉期（CDS）等。随着网络银行的普及，其方便、快捷的服务将企业与金融机构紧密地联系起来，增加融资工具，使企业可以更灵活地选择融资方式。

融资租赁，是指实质上转移了与资产所有权有关的全部风险和报酬的租赁。所谓资产所有权有关的风险，是指由于资产闲置或技术陈旧而发生损失以及由于经营情况变化致使有关收益发生的变动。所谓资产所有权有关的报酬，是指在资产有效使用年限内直接使用它而获得的利益、资产本身的增值及处置所实现的收益。融资租赁是出租方以实物方式向租赁方提供的贷

款，是一种非常特殊的筹资方式，其优点在于设备一般由承租方选定，能够很好地满足生产经营需要；缺点在于通常涉及相关联的三方以上：出租方、承租方和设备提供方，他们之间需要签订设备购买合同、设备租赁合同等。在此过程中，融资租赁多方之间的磋商会形成高交易成本，交易成本成为企业选择这一筹资方式时首先需要考虑的问题。在网络经济环境下，企业可以通过互联网方便、快捷地搜寻到租赁资产的供应信息，企业与融资租赁设备提供方、出租方等可以通过网络实现低成本交流，阻碍融资租赁的高交易成本问题就可以很好地解决，这将促进融资租赁业务的发展，为企业通过融资租赁方式融资提供便利。如深圳一公司，为保证有足够的现金流，将应收账款打包卖给商业银行，满足了公司流动资金的需求和其他项目的投资需求，银行又发行债券给个人，进行理财业务，这就形成了企业、银行、个人等多赢互利的局面，形成了融资链条模型。

三、拓宽筹资渠道——筹资活动走向国际化

互联网时代，网络技术渗透到经济活动的每个角落，发达的金融网络设施、金融机构的网络服务，使得网上筹资成为可能。遍布全球的网络已将国际金融市场连接起来，一天二十四小时都可以进行交易，实现了金融交易全球一体化，北美市场、欧洲市场和亚洲市场具有很强的联动效应，很难独立兴衰。由此，企业在进行筹资选择时，所面对的也将是一个全球化的国际市场，各大证券交易所奔赴全球争取客户即是证明。"融资空间"扩展、"网上银行"开通以及"电子货币"使用，为资本国际流动插上了翅膀，加快了资本在国际间的流动速度，但是同时加大了筹资风险。由于在国际化市场中筹资涉及货币兑换，企业必须关注汇率、利率波动，最好能利用套期工具锁定筹资风险。具体来说，企业在筹资中，同时要学会运用货币互换、远期外汇合约交易、期权交易等创新型的金融工具及衍生工具控制相关风险。

四、众筹模式的发展机遇

众筹，顾名思义，就是向大众筹集资金。在国外众筹模式已经非常完善，比国内成熟，众筹不仅是一种投资或者融资活动，同时还属于一种创新模式。在互联网时代下，信息技术不断发展和商业民主化进程直接为草根一

族提供了创新的机会，使得任何人都能将资金的创新潜能充分发挥出来，然后借助社会资源的奇思妙想转化为实际产品。众筹可视为众包概念在筹集行业的具体化，通过接收来自多方的零散投资，为一个具体的项目提供资金。众筹还指通过向大量投资者销售股权为新公司或即将成立的公司提供资金的行为。

互联网思维已经开始对实体经济产生积极影响。众筹平台可以通过将互联网分散的社会资源整合统一利用，为参与者带来更好的参与感，众筹门槛非常低、资金回报率低，但可以为投资人带来很好的综合投资回报。同时，互联网众筹平台利用信息技术，对众筹项目的制作过程形成有效监管，使得投资在可信任的透明机制下进行，投资人的投资风险顾虑大大降低，任何创新产品，都可以通过众筹方式，利用信息技术在平台上打造出新的产业模式，让众筹项目实现更好的发展，为项目发起人和众多投资者带来更丰厚的回报。

众筹与P2P不同，网贷是投资人将资金借出去，在一定时限后再将钱和利息收回来，这才算是完成一笔业务，而众筹表面上看是互联网平台帮助项目发起人筹集资金，资金筹集成功后，好像就结束了。其实，筹集到资金，只是众筹迈出了第一步，怎么帮助众筹成功的项目实现更好地成长，让创业的成功率得到有效提升，提高众筹投资的回报率和回报价值，才是众筹最亟待解决的问题。筹人、筹钱、筹资源，众筹模式把筹人放在第一位，国内众筹模式主要集中在产品预算和创意众筹上，低门槛创业、预知市场需要和低成本市场推广成为众筹模式的最大亮点，通过众筹帮助初创企业从一个小公司成长为拥有广泛的社会支持者、大量投资人和顾客的大公司，由此结成更大的关系网络，这一切都能在社交网络上完成。

第三节 互联网时代下投资活动及模式创新

一、互联网时代投资活动创新

互联网时代，经济全球化、信息多元化在经济实体中发挥着较大作用，极大化刺激了企业投资，使其投资行为变得灵活多样，投资价值得到迅猛增值。按照不同的标准，投资有不同的分类方法，按照投资的性质分类，可将其分为实业投资、证券投资和产权投资三类。实业投资是指将资本投放于特定的经营项目上，以形成相应的生产能力，直接从事产品生产或劳务提供，是一种直接投资。证券投资是指将资本投放于各种债券、股票、基金等有价证券，以获取收益，通过证券载体进行的一种间接投资。产权投资是指以产权为对象的投资，从行使方式来说，既可以是通过实物投入，也可以通过资本市场购入股票实现。

但在互联网持续发展的条件下，企业投资活动却存在投资对象选择不清晰、投资组合设计不合理、投资工具运用不灵活以及投资方式放不开等创新能力不足的问题。企业需要不断挖掘投资活动的创新能力，选择具有竞争力的投资项目、不断强化投资风险控制意识、坚持以股权投资为主的投资方式、充分借助投资中介的力量，以实现有效的投资增值。

（一）互联网经济对企业投资活动的影响

互联网经济是一种以互联网技术和信息资源为基础的新经济形态，主要通过网络技术激活信息资源，使信息价值得到巨大释放以产生经济价值。互联网经济的迅猛发展，从价值链分析，是因为互联网经济中信息资源的充分运用能延伸企业投资活动的价值增值环节，让交易过程更加持续化。从信息对称来看，网络经济中各种经济信息的汇集能让交易双方的不平等程度降低，促使投资企业更加注重市场竞争和研发能力的培养，使企业投资向着依靠技术和服务创新为主的合理化方向发展。从交易成本分析，互联网经济通过网络媒介，能迅速地发布、执行、反馈、调整相关经济信息，对交易双方来说降低了交易成本，对企业投资者来说缩短了投资回收期，有利于企业的可持续发展。

（二）企业投资活动创新力不足的表现

从互联网经济对企业投资活动的影响来看，互联网经济的发展需要企业在进行投资活动时更关注投资对象的选择、投资组合的设计、投资工具的运用以及投资方式的配合等内容。然而，当前企业在投资时却囿于创新能力不足，未能真正实现互联网经济促进企业投资增值的效果，具体表现在以下四方面。

1. 投资对象选择不清晰

互联网经济时代信息更迭速度较快，要求企业在投资决策时慎重选择投资对象，既要关注所投资对象的发展趋势，又要关注到企业自身是否具有科研、人才、体制等方面的实力。但在实际中，企业选择投资项目时常被行业报酬率所吸引，并未如实结合自身实力制定投资方案，降低了企业投资活动的效率，企业也因定位不明确而较快转移投资目标，不利于企业整合投资资源和战略投资活动的开展。

2. 投资组合设计不合理

当前大多企业都采用多元化投资战略，目的在于规避单个项目的投资风险，以获得整体较高的投资收益率。然而，多数企业在从事多元化投资风险的同时却忽视了主营业务的优势，给竞争对手可乘之机。可见，企业将过多精力放在不相关多元化投资上是不利于自身参与互联网经济时代的市场竞争的。

3. 投资工具运用不灵活

互联网经济时代各生产要素的流动是大量、快速和自由的，这就要求企业在参与投资时要时刻关注投资风险的问题。一般来说，企业利用债券投资可实现杠杆效应，而在成本投入较大且远超收益的网络经济时代，多考虑债权投资与企业的投资风险问题。这就要求企业在从事投资活动时加大股权投资的比重，灵活运用投资工具来降低投资风险。

4. 投资方式放不开

互联网经济越发展，企业投资活动对专业技能的要求也越高。企业在面对强大竞争对手、复杂投资环境时，需要中介机构提供的专业技能服务。然而，目前大多数的企业都还在处于自主开展投资活动阶段，投资思维还未转变到依靠中介机构进行专业化投资管理的方向上。

（三）企业当前投资创新能力不足的原因

在互联网经济时代，企业投资活动创新出现以上问题的主要原因在于以下两点。

1. 企业投资决策者投资理念不清，现代企业管理制度未建立

首先，企业投资决策者的投资理念不清晰。主要表现为：企业决策管理层未能继续坚持进修经营管理知识，未掌握瞬息万变的创新投资理念；企业投资决策者易受短期投资效益的影响，一味追求较高投资回报率的投资项目，未能做好投资规划和资金使用计划，导致大量盲目投资行为的出现；在企业内部也未形成良好的企业文化，因为没有共同愿景的企业投资也只是短视盲目的。

其次，企业投资项目的可行性分析流于形式。企业在制订投资计划书时都要进行可行性分析，但从大多数企业投资创新能力不足来看，这一工作可能都在走过场，并未真正起到理性决策的作用。

最后，企业尚未建立起现代企业管理制度。企业在进行技术投资创新时也应创新企业的管理制度。技术和管理同等重要，没有适合企业自身的管理制度创新，技术含量再高的企业投资行为一般都会以失败告终。

2. 企业投资决策者风险控制意识不强，盲目投资造成创新力匮乏

企业为追求投资活动的高收益，常以高风险投资为代价，长期的高风险投资活动又使得企业难以树立较强的风险控制管理意识。而这类高风险投资行为，一方面导致了企业的盲目投资，另一方面也不利于企业科技创新能力的培养。因为这类投资项目大多并不是真正具有科技创新能力的项目，而是以资本积聚占据优势的"虚拟"泡沫投资，一旦发生资金链断裂、财务舞弊、逆向选择等情况，整个投资活动都有可能走向失败。同时，企业风险控制意识不强也表现为企业对债权和股权投资这两种投资工具的把握能力不强，搞不清股权投资在参与企业投资决策、分享企业投资利润、分散企业投资风险方面的优势。而企业在从事多元化投资时未能根据主体采取多元化投资方式，也易让竞争对手进入市场并争夺市场份额。

（四）互联网下提高企业投资活动创新的对策建议

互联网经济条件下，未来企业投资时应关注以下两个方面创新能力的提高。

1. 企业投资决策者应转变投资理念，采用规范的管理制度从事投资活动

首先，企业投资决策者应主动加强知识技能学习，并针对学习内容进行严格考核，以监督其执行投资项目活动的创新能力情况。企业决策者要善于利用会计师事务所、律师事务所及专业投资机构所提供的服务机会，将部分可外包的投资项目交给这些中介机构进行投资管理，以实现企业投资增值的目的。

其次，企业一定要制订科学合理的投资计划和资金使用计划，一切活动按照计划执行，发现问题再及时进行适当的调整。项目可行性分析报告需客观合理且尽可能选择做长期投资项目，以避免企业因短期盲目投资而降低投资活动的创新能力。

再次，要在企业当中建立适合本企业发展的企业文化，通过软实力的发挥挖掘企业投资活动的创新能力。

最后，完善企业管理制度，配合企业研发技术的创新才能实现企业投资活动的创新。

2. 加强风险投资意识，采取核心多元化的投资策略

为增强企业风险控制意识，投资企业应构建良好的风险控制预警机制，利用量化的投资指标，如资产负债率、变现率等来进行风险控制、监督和预警。在选择投资工具时，企业投资时应采取以股权投资工具为主的方式，并在不同投资阶段灵活调整债权投资和股权投资的比重，以充分发挥出资金使用的效率，实现投资价值增值的最大化。

二、互联网时代投资模式创新

互联网经济时代，企业各种投资活动都经历尝试、摸索、发展和转移等一系列过程，而企业投资活动的创新始终贯彻整个过程。作为企业，应当在激烈的市场竞争中充分发挥投资创新能力，清晰地选择投资对象、合理地设计投资组合、灵活地运用投资工具以及放开投资方式。只有这样，企业才能适应网络经济发展下激烈的市场竞争，才能通过参与投资活动，实现自身价值的最大化和持续发展。

（一）充分利用互联网的优势，提供实业投资

首先，要善于发现投资机会。在动态的经济环境中，投资机会稍纵即逝，而对机会的把握依赖于企业对自身优势和外部环境的准确分析。把握投资机会的前提是对变化的企业内外部环境的分析，从看似无序的变化中预测发展趋势、找到机会。其次，利用互联网的平台，搞好投资项目管理。在互联网时代下，全球经济一体化的进程大大加快，互联网经济的技术是一种更先进的通信技术，这一技术保障一方面能够提高企业跨地区、跨国投资项目管理质量，另一方面能使企业为管理同一投资项目所需花费的人力和财力都大大减少，这样企业可以有更多的时间和精力来实施其他项目投资，保障投资管理质量的前提下，追加投资的量。

(二) 无形资产在产权要素中的比重提高

无形资产的巨大潜力使其在网络经济中发挥重要作用，企业接受的投资也出现无形化的趋势。知识已经转化为资本，成为企业在生产和再生产的投资过程中不可或缺的要素。企业在进行产权投资时，知识产权等无形资产形式越来越普遍，在整个产权总量中，呈上升趋势，这就对无形资产投资加强管理提出要求。目前，新成立的一些企业，给具有技术特长、开拓创新能力的人员一定比例的技术股，因这些人的知识技能、潜能会给企业带来经济利益的流入。

(三) 进行证券和基金投资

互联网经济时代将全球经济市场连接起来，为投资者提供海量的信息和渠道，促进证券和基金市场的发展，也为企业的闲置资金提供了更大利益。

1. 投资的区域范围变大

在全球经济一体化的背景下，企业筹资和投资都是呈现国际一体化趋势。一方面，国际互联网的普及使投资者能够便利地查询世界各地上市公司的财务情况，还能了解各地区的宏观经济政策及其影响证券和基金市场的因素；另一方面，互联网技术在证券和基金交易中的运用，使得投资者足不出户也可以开展投资活动。

2. 投资形式丰富

网络平台上金融工程为投资者创造许多金融产品，从而使企业在从事闲置资金管理时拥有更大的选择性。投资品种的丰富，一方面可以分散证券和基金投资组合的风险，另一方面也使企业投资活动复杂化，需要运用谨慎性原则思考。

3. 互联网时代网络业务的优势

在互联网时代下，网上证券业务发展以互联网为交易平台，在互联网实现各种交易。投资者还能获取与证券交易有关的资讯服务，网络投资业务还具有成本低廉的优势。相对于传统投资业务模式，网络证券人员减少、场地占用变小，成本就会下降。在激励市场中，由于经纪成本下降带来的利润是促使投资者积极采用网上交易的重要动力。投资者无论身处何时何地，都能非常快捷地获取互联网相关信息，做好证券或基金的买卖决策。各个交易公司都可以开设网站平台，提供投资咨询和服务业务，为其量身推荐投资服务。

(四) 互联网投资模式

互联网时代比较热的两种模式,其一是海尔"人单合一"的模式,其模式的核心在于:支持员工自主创新、自主创业、自主经营,公司作为大平台为其提供资金、技术、供应链、市场等方面的支持。在这个过程中,海尔利用"资本+人力+市场+资源"的社会化思维将员工、用户、第三方合作伙伴、投资者在内的利益攸关方巧妙地连接起来,打造共创共赢的生态圈。其二是小米生态链模式,该模式的核心是通过"粉丝+社区营销"占领市场,以手机硬件为核心做周边产品,不断扩展产品线乃至布局生态圈,利用资本的力量(参股但不控股)投资支持供应链上的企业,为企业赋能,以"轻模式"实现了供应链组织的高效率,在前端设计、下游市场、输出产品标准上把关,保证高品质的供应。该模式的厉害之处在于它在核心资源上集中资源,而在难以获得和短期内无法建立的环节上,采取开放的态度,通过链接的方式,把外部的技术资源整合起来,来应对研发能力强大的企业,从而弥补自己的短板。前者是传统企业转型时期的模式创新,而后者是用互联网思维模式下高效组织起供应链企业进而打造生态的典型代表。两者的共同之处可以总结为:紧扣企业发展战略命题和平台化的资源链接为企业赋能。结合以上两种模式的启发、思考,可以尝试分析在互联网时代下,产业投资类(集团)公司如何通过模式创新进行产业链(生态圈)的培育。

从战略层面上,要确定战略发展的模式,以河南省某投资集团为例,该集团的战略可概括为"围绕大农业,资源大协同,构建四梁八柱投资能力体系",主攻方向瞄准农业现代化;进行本省与阜外各涉农板块在系统内和集团内的资源整合协同,构建以支持龙头企业促进产业整合和转型升级,以打造新型农业主体培育现代农业新产业和新动能,以投资土地资源及基础设施助推农业现代化,以投资现代服务业构建农业社会化服务体系,围绕四梁建设支撑它的八柱,已经建立了产业投资、金融控投、农业保险、基金投资和基金管理、精准扶贫、技术创投、投资担保、融资租赁等投资体系功能。聚焦农业产业精准发力,打通资金端和资产端,产融深度融合,发挥资金的杠杆撬动效应,引导和带动社会资本投向农业领域,多种功能协同运行,共同发力,形成集团优势。可见,战略方向明确后,集团层面的资源配置、子公司的战略协同都要紧扣战略命题，以此为目标，通过模式创新、组织创新、管理创新等更加有效地整合资源，实现发展诉求。

1. 借用互联网思维，平台化资源链接

在新的时代下，用互联网的思维进行产业链打造是产业（投资）类企业发展的新出路，而产业链或者生态圈的打造关键在于，搭建一个平台或者依托一家平台型的企业或者龙头企业，以更大的胸怀、更加开放的心态，完成产业领域的布局，建立起以平台为核心的资源链接通道。无论是个体还是组织，链接资源的能力都将成为一种很重要的能力，处于链接核心地位的组织或个人往往具备发展为平台型的组织或超级个体的潜力。对于该产业投资公司来说，需要重点分析其所具备的资源链接属性。比如，是否具备相应的社会资源号召力；投资手段和金融牌照是否全面；已投资的项目资源在地域和行业上的覆盖程度是否能够形成巨大的资源网络；该公司和政府及其下属单位、其他金融机构、投资机构、专家智库等资源联系的渠道是否通畅等。基于上述分析，对于产业投资类公司来说，可以进行如下模式的探索。

第一种模式为"投资公司支持平台公司发展模式"。具体操作是，产业投资公司的产业研究部门通过加大对产业领域、产业政策的研究，对比选择某一细分产业领域的龙头企业，并以该企业为依托，为其提供协调资本、政府政策、土地资源、供应链资源、产业发展规划等全方位的增值服务支持，帮助该龙头企业建立行业内的平台型公司，将产业链条中的每个环节依托信息化平台高效率地组织起来，双方合作的方式是引入产业链条上其他规模企业、金融机构、专业服务机构联合成立一家投资公司，以投资为主业，服务于该产业链的打造。对于产业投资公司来说，其组织形式本质上不会有太大变动，在部门设置上依据资源类别进行划分，开展项目时从各个矩阵里抽调人员组成项目团队，与各投资公司开展实际对接工作。

第二种模式为"控股供应链核心企业的发展模式"。即通过研究产业链条，选择产业链条上若干优质公司参股经营，为其提供资金支撑和增值服务，培育其发展壮大，支持其兼并重组，然后在整个链条上选择一家公司（有绝对定价权或有充分市场影响力或社会资源号召力）为核心企业进行较大比例的股权投资，实现（相对）控股，依托集团公司的资源和产业链条中的各类资源形成一个资源聚合的平台，积聚产业链条上的完整要素，使核心企业掌握关键要素，如管控上游和下游，利用资源带动力和链接能力高效组织生产，对产品标准严格把关，打造全系列的产品，使其成为具有市场号召力的品牌。在该模式下，产业投资公司将以投资部为重心，优选产业链条上的各类企业，产业投资公司的重心在于引进和培育懂生产、经营、投资、市场的各类人才，同时不断链接和积累外部协作的资源、服务。无论采取哪种模式，产业投资公司都要基于"产产互动"+"产融互动"+"产才互动"的逻辑体系，深度参与到平台型企业战略、商业模式的设计中，沿着产业链上下游进行布局，结合物联网、区块链、大数据、云计算等信息技术进行互联网改造，实现互通资源、互相促进、相辅相成的有效配合，释放结构效率。

2. 搭桥铺路，为企业赋能

工业时代大家都建城墙，互联网时代大家都在建桥梁，在这种互联网浪潮下，产业投资公司无论采取哪种模式，都需要充分地突破体制机制的束缚，借用互联网的思维，积聚更多的能量为农业企业铺路搭桥，调动相关资源创造一种独特的商业模式进行运作，帮扶企业，为企业赋能。引入资本、农业现代化的发展理念、现代企业管理理念，引入先进的科学技术，高效率地将产业链的环节组织起来，与政府合作建立市场主渠道，以"投资+互联网模式创新+智慧"的方式推动产业的进步，打造内部产业链的造血模式和健康、绿色的生态。时代变了，企业必须要跟着改变，没有成功的企业，只有时代的企业。产业链的打造、生态圈的布局和搭建不是每个组织都有幸遇到，应该感谢时代给的机遇。

第四节 互联网时代下财务分配活动及财务报告创新

一、互联网时代财务分配活动创新

以互联网为基础的电子商务的发展正改变着全球的经济模式、企业的经营管理模式，以及人们的工作、生活、消费模式，形成全球化、网络化的网络经济。企业的利润分配活动作为企业财务管理活动中的重要组成部分，也必然受到强烈的冲击，企业的利润分配模式也将适应新经济形势的发展而进行创新。

（一）运用资本分配形式

所谓的资本分配是指将知识作为资本参与价值和剩余价值的分配。互联网时代，知识转化为资本，同物质资本一样参与价值和剩余价值的创造过程，必然也同物质资本一样参与价值与剩余价值的分配，即知识劳动者除获得工资外还要求占有一定的利润。知识作为资本参与利润的分配，在机器大工业时代就已有之，并出现了不同于工资、奖金、津贴、福利等劳动价值分配的形式，这些形式主要有版税、专利及专有技术、品牌商标、技术入股等。它们在网络经济条件下仍作为资本分配的形式发挥作用。但互联网经济时代知识资本在利润分配中占的比重会大大提高，也会更广泛地采用股票期权这种新型的资本分配形式。

1. 对产品采用版税形式

版税是知识产权的重要组成部分。它是指著作人或所有者享有作品的财产权益，通常按著作出版发行销售收入的一定比例提取。版税具有长期性特征，即在一定时期内著作所有者及其继承人都享有著作带来的经济收益。版税体现了知识资本鲜明的价值延续和对知识创新的永久尊重。这里的作品包括：文字作品，口述作品，音乐、戏剧、曲艺、舞蹈作品，美术摄影作品，电视、电影、录像作品，工程设计、产品、设计图纸及其说明，地图、示意图等图形作品，计算机软件等。

2. 专利及专有技术形式

专利指发明人对其发明创造拥有所有权、使用权、制造产品权、销售产品权和出口产品权。专利体现了知识资本在上述权利的实现过程中的经济价值归属，明确了发明人的经济专属权。

专有技术也称非专利技术，是指从事生产、商业、管理和财务等活动的秘密知识、经验和技能，包括工业流程、公式、配方、技术规范、管理和销售技巧与经验等。专有技术是一种特殊的知识产权，与其他知识资本一样具有创造价值、增值价值、获得相应的经济利益。

专利及专有技术是知识资本分配的常见形式，它们通过两种途径参与剩余价值的分配。一是通过一次性转让，由专利或非专利技术的购买者在未使用专利获得超额利润前，就将利润支付给专利及非专利技术所有者，即一次性获取专利及专有技术转让费，专利出让者不承担市场风险，也不考虑其价值的增值性。二是通过出让使用权，企业所拥有的专利及非专利技术的转让者可参与使用专利获得的超额利润的分配，即有条件使用，并以实际产生的利润为分配对象，其特点是风险大、回报高，让市场收益检验其知识资本的"含金量"。

3. 技术股权形式

技术股权是指以技术发明和技术成果等为投入要素，以期获得股份所有权及其收益权的一种投资所得。企业管理经验、特有技能等知识资本也可作为投入要素获得股份及其收益。获得技术股权的知识资本，具有创新性、独到性和难仿性等特征。技术股权是知识资本分配的一种较高级形式。技术发明的魅力，不仅在于现实回报，还在于价值增值的长期回报，更在于股权的回报。

4. 商标品牌形式

商标品牌是企业科技创新、生产经营管理和理念文化等知识信息长期的凝结，是企业最重要的无形资产，而其价值表现也是知识资本分配的一种特有形式，其参与利润分配的形式主要是转让收入和收取品牌和商标使用费。

5. 股票期权

股票期权指买方在交付了期权费后取得在合约规定的到期日或到期日以前按协议价买入或卖出一定数量相关股票的权利，是对员工进行激励的众多方法之一，属于长期激励的范畴。股票期权是上市公司给予企业高级管理人员和技术骨干在一定期限内以一种事先约定的价格购买公司普通股的权利。股票期权是一种不同于职工股的全新激励机制，它能有效地把企业高级人才与其自身利益很好地结合起来。股票期权的行使会增加公司的所有者权益。它是由持有者向公司购买未发行在外的流通股，即是直接从公司购买而非从二级市场购买。

股票期权作为企业管理中一种激励手段源于20世纪50年代的美国，20世纪70—80年代走向成熟，为西方大多数公众企业所采用。中国的股票期权计划始于20世纪末，曾出现了上海仪电模式、武汉模式及贝岭模式等多种版本，但都是处于政策不规范时期的摸索，直到2005年12月31日，中国证监会颁布了《上市公司股权激励管理办法（试行）》，我国的股权激励特别是实施股票期权计划的税收制度和会计制度才有章可循，有力地推动了我国股票期权计划的发展。

股票期权有多种形式，主要的有股份认购期权、限制性期权、股票升值权、"影子"股权等。股份认购期权是指企业经营者或科技项目人在一定时期内完成事先约定的目标，企业可给予他们认购一定数额的股票期权的权利，当企业股票升值后，他们可以获得行权价与市场价之间的差额；限制性期权是指在行权时必须具备某些限制性条件；股票升值权是指把股票期权的兑现条件与企业绩效指标挂钩，当企业效益上升时，可按股票升值部分兑现奖励，这一权利一般为企业科技人员所拥有；"影子"股权是指企业按照确定给职工的股票期权数量，发给员工"股票券"，而不需要员工购买与期权数量相应的股票数量，但当股票增值时，"影子"股票则可像股票期权一样，有权获得股票差价的现金收入。

(二) 虚拟企业的财务利润分配

虚拟企业是网络经济时代企业组织形式的发展趋势。虚拟企业，一般又称网络公司或虚拟公司。它高度依赖通信技术，完全建立在互联网络基础之上而没有固定的组织层次，没有内部命令系统，是一种具有开放性组织结构的企业（或公司）。它可以在信息充分的条件下，从网上众多的伙伴中精选出合作者，整合外部资源，完成单个企业难以承担的市场功能，从事虚拟开发、虚拟生产、虚拟销售等经营活动。在虚拟企业里同一企业的雇员，可以处在不同的物理空间内，靠网络创造虚拟办公空间，依然可以形成一个整体。虚拟企业实质上是一种对以上市场环境变化做出快速反应的企业动态联盟，它突破了传统意义上的企业界限。在全球范围内对企业内部和外部资源进行动态配置、优化组合，达到降低成本、提高竞争力的目的。

(三) 虚拟企业的利润率高于传统企业且应采取与传统企业完全不同的利润分配政策

如前所述，网络经济时代虚拟企业的组建是跨行业、跨产业的市场主体结成合作伙伴关系。如同企业具有规模会产生效益一样，企业会产生一种联结的效益。在经济学意义上的规模效益称为规模经济效益，联结效益称为联结经济效益，它包括如下内容：①参与合作的各企业可以相互使用生产要素，减少了要素转让上的成本支出；②各企业共同合作，优势互补，能创造产出方面的乘数效应；③参与合作的各企业除了使用组织所拥有的生产要素外，还可通过互联网使用组织外的外部资源。并通过使用组织内外的知识、信息、技术等生产要素降低成本，扩大产出，提高效益，实现创新；④参与合作的企业除了内部交易费用低于市场交易费用外，还在经济合作组织展开合作。

上述虚拟企业中存在的联结经济效益可以降低企业的投入，提高产出，进而提高企业的经济效益。另外，由于企业利用互联网提高了内部管理的效率和增加了捕捉市场的机会，其及时性、准确性的提高使得企业利润率有上升的趋势。如前所述，虚拟企业，特别是短期虚拟企业只是一种临时性的组织联盟，其利润分配政策的主要内容在于决定利润的分配比例，即股利付出率。传统企业基于企业长期可持续发展的需要考虑，会将企业的利润保留一部分不予分配。而虚拟企业只是一种短期的动态联盟，在合作业务完成之后即宣告解散。因此，此类企业在决定利润分配政策时无须考虑企业的长远发展，将其所获得的利润数予以分配即可，即其股利付出率可达百分之百，甚至可在发放股利的同时退回部分资本。

二、互联网时代财务报告创新

互联网时代，经济发展模式发生重大变化，企业的会计信息传播速度不断加快，会计信息失真可能性加大，增加了投资风险。各企业投资者对于企业的信息需要量不断增加，对于会计信息的真实性和准确性要求日益提高。而作为企业财务信息载体的财务报告所要呈现的事项和经济信息需要相应地做出调整，否则难以满足互联网时代的发展需求。

财务报告是财务会计的最终产品，它能够有效地获取企业的财务状况、经营效益以及企业发展前景，帮助信息使用者做出正确的决策。随着互联网技术的发展，很多企业转型发展，进行产业的改革和重组，大大提高了企业经营效益，改变了企业经营模式，使得传统的财务报告难以满足快速变化的企业会计信息需求。当前的企业应该认识到互联网时代传统财务报告模式受到的重大挑战，必须改革传统财务报告模式，重新审视财务报告的内容流程，构建一种全新的适应互联网时代发展的财务报告模式。

（一）互联网时代传统财务报告模式面临的挑战

传统的财务报告模式采用的是分期报告模式，分为年报和中报，以三大财务报表及其附注为主干，其中三大财务报表是指资产负债表、损益表和现金流量表。该种报告模式能够对收益和现金流量等财务信息进行确认并有效地反映经济信息，发挥其监督作用。但是随着互联网时代的到来，人们对于会计信息的需求发生了重大变化，传统的财务报告模式受到巨大冲击。

1. 网络空间的会计主体呈现多元化和不确定性

在互联网时代，出现了大量的网络公司或者运用互联网平台重新构建产业链的企业，在网络空间里企业经营业务灵活多变，因此，网络里的虚拟公司业务随时产生也能随时消灭。传统财务报告模式基于持续经营的假设，无法适应这种快速短暂的经营活动，不能适应互联网时代的经济发展需求。

2. 互联网时代的会计信息范围发生变化

随着互联网技术的迅速发展，人类社会进入了网络经济时代，信息使用者们需要获取企业更多的信息，但由于传统财务报告模式单一地使用货币计量下的会计信息，无法满足时代发展的需要，信息使用者期待通过财务报告获取更多有利的信息（既包括货币信息也包括非货币信息）为他们的决策提供重要的参考意义，如企业外部环境、企业人力信息，企业的地理环境等。因此，互联网时代的财务报告需要改善计量手段，扩充财务报告的信息容量，不断增加非货币信息，为信息使用者们提供更加全面系统的财务信息。

3. 传统的财务报告难以满足互联网时代的会计信息及时性的要求

会计价值基于信息用户能及时获得会计信息的假设。如果会计信息获取不及时，那么会计信息也就没有价值可言，传统的财务报告模式主要是以中报、年报的形式提供会计信息，因此信息披露呈现间断性，而在互联网时代下，企业经营互动连续性不断增强，网络空间的经济交易更加容易产生，因此交易活动的不断产生也促使会计信息连续不断地产生。随着互联网技术的发展，传统会计信息的及时性遭受严重的打击，无法满足信息用户的需求。

（二）互联网时代财务报告模式改革的必要性分析

1. 会计信息化革命催生财务报告模式

目前，更多的企业运用计算机、网络、通信、数据库技术等现代信息化技术对传统会计模式进行改造和重构，并高度整合会计资源构建现代化的会计信息系统，因此财务报告的产生方式以及传播媒介发生了重大变化，会计信息之间出现严重的供需矛盾。这种矛盾要求革新财务信息供给方和需求方之间的信息披露手段，由此互联网时代报告模式改革势在必行。

2. 实现会计信息数据及时共享的需要

企业通过互联网提供标准化数据源,实现会计信息数据及时共享。在互联网时代下,会计信息的传递能够快速实现更新,信息需求者能够及时有效地获取最新信息,并在网络环境下构建会计信息系统,实现在线财务报告的及时更新。在线会计信息处理系统能够及时收集和处理企业各项交易事项产生的数据,并及时将处理结果传递给财务报告系统,企业内外部信息使用者也能借助在线财务报告随时了解企业财务状况,使会计信息实现自动化。同时有关会计信息数据的传递均能通过供需双方收发电子邮件或由需求方登录供给方的网站进行访问,以保证会计信息的及时性。

3. 减少资源的消耗和节省人力成本

企业在日常会计工作中,所有传统的账务处理从凭证的取得、填制到有关的账项调整,再到最终会计报表的生成、财务报告的发布,如不借助网络,不仅其发布的时间会受到限制,还会浪费大量的资源,并且无法实现信息资源的共享。如果通过网络进行财务报告,不但能够最大范围地进行会计信息处理,降低有关纸张等资源的消耗,还将减轻有关会计人员的工作量,使其无须再手工记账。

(三) 互联网时代财务报告模式的改革对策

1. 建设网上实时财务报告系统

在互联网时代下,会计信息的集成难度不断增大。因此,企业应通过建设网上实时财务报告系统,建立企业的会计信息门户、会计信息中心、会计报表平台,实现会计信息的及时性、全面性、多样性,同时实现信息分析的便利性,及时进行财务信息记录、更新。

2. 构建交互式按需财务报告模式

在互联网时代下,信息使用者的需求呈现多样化和共同性特征,通过网络系统构建交互式按需财务报告模式,向决策者适时地提供已按需编制好的或可按需加工的财务信息,通过提供按需求编制的财务会计报告满足不同使用者多样化的信息需求。交互式按需财务报告模式具备互联网时代下的灵活性特征,通过建设数据库和建立模块化的财务会计程序,以及报告生成器和财务报告单位提出改进报告系统的对策,能有效地改善信息不对称的状况。

3. 加强网络财务报告模式中的风险防控

在互联网时代下,企业通过建立会计信息系统,实现财务报告实时系统，共享会计信息资源，实现交互式按需财务报告模式。但网络财务报告在网络空间的风险不可避免，如会计信息的泄密和网上黑客的攻击等。因此，企业应该注重网络财务报告模式中的风险防控，不断提高网络会计信息系统的安全防范能力。企业可以建立用户身份验证及权限管理控制制度、系统管理多重控制制度、业务申请处理流程控制制度、预算管理流程控制制度、内控制度实施情况的审计和检查制度等，适时采用防火墙技术、网络防毒、信息加密存储通信、身份认证、数据签名技术、隧道技术等措施进行风险防控。总之，互联网在财务报告制度中发挥的作用日益凸显，更多的财务管理软件运用到企业财务管理之中，加速了财务报告模式的深度改革。互联网时代，传统的财务报告模式将逐渐消失，网络化的财务报告模式应运而生。因此，会计人员要想掌握和驾驭新的财务报告模式，就要树立终生学习的理念，主动学习新型的财务报告编制技能，构建计算机和财务知识相互融合的知识体系，以满足互联网时代的财务报告模式需求。

第五章　互联网时代下企业财务风险创新管理

在企业全面风险管理（ERM）体系中，财务风险不仅包括制度风险、信息风险、业绩风险和流动性风险等内容，还包括企业战略的制定和实施过程中会遭遇的其他风险。风险管理既是一个公司治理问题，也是一个管理问题，而互联网有助于企业的风险管理。

第一节　互联网时代对企业的帮助与指导

一、利用互联网创新企业治理

随着信息的频繁流动，传统企业再想通过强大的体制控制力，或者利用信息不对称进行较为封闭的公司治理与财务管理，越来越行不通了。现实中，"触网"的企业基本上都是以"合伙人制度"取代了公司治理中的雇佣制度。在互联网经营时代，公司中最重要的是团队，其次才是产品，有好的团队才有可能做出好产品。合伙人的重要性超过了商业模式和行业选择。

Jensen 提出公司治理的四种基本路径，即内部控制机制、外部控制机制、法律与政治以及产品市场竞争。如今公司财务管理之所以能够实现健康发展与有效运作，主要依赖于内部治理、外部监管等制度，以及企业重视对经营者与员工的监督。与此同时，企业却忽视了企业创新、产品竞争、公司文化的形成，以及信任和激励的作用。从合伙人到核心员工，都要得到足够的利益保障、授权与尊重。

在互联网时代，知识和创新助力企业发展。"人力资本"和"信息"取代财务资本，成为企业的生命之源和价值之根。企业员工广泛参与决策制度也必然影响企业决策组织结构与决策文化。由于动态的外部环境、分散的知识分布等特点,分散式决策是互联网环境下决策的主要形式。企业应尽力减少内部管理层级,创造打破层级的交流机会,增强组织共享、服务协调,鼓励自主学习和尝试创新的文化,关注内部信息流、知识和技能。除此之外,随着企业对互联网价值分析与挖掘的逐步深入,财务决策机制应从业务驱动型向数据驱动型转变。企业员工可以运用一线互联网分析结果,形成基于数据决策的学习型企业文化与制度。

二、利用互联网创新风险管理

在互联网时代,外部资源被证实是一种非常实用且直接的风险管理工具。在这一背景下,财会部门的风险管理作用将超越合规和内部控制管理,越来越关注外部力量对企业绩效的影响,如监管制度变动、供应链风险、自然灾害等。此外,财会人员还将越来越多地参与评估企业增长战略风险,包括并购、进入新兴市场等。因此,未来财会人员应该更多地思考如何利用互联网资源从整体上把握企业风险,如何将多样化的数据集引入计算,提高对风险的认识并降低风险。但相对于后知后觉式的风险分析,更应该利用互联网进行风险预测,如将预测分析学和统计建模、数据挖掘等技术相结合,对投资机遇的可行性进行评估以及预测新市场新产品的投资风险等。当然这些在实际操作层面可能会面临较大的困难,但互联网确实给财会行业提供了这样一种展望。对互联网进行分析和预测最需要注意的就是因果关系和相关性,数据趋势恰好一致只能说明相关性,而因果关系的证明却没有那么简单,利用互联网进行分析时必须时刻谨记。

以银行业为例,互联网能较好地解决传统信贷风险管理中的信息不对称难题,提升贷前风险判断和贷后风险预警能力,实现风险管理的精确化和前瞻性。银行业可以打破"信息孤岛",全面整合客户的多渠道交易数据,以及经营者个人金融、消费、行为等信息进行授信,降低信贷风险。如建设银行依托"善融商务"开发出互联网信贷产品"善融贷"后,银行可实时监控社交网站、搜索引擎、物联网和电子商务等平台,跟踪分析客户的人际关系、情绪、兴趣爱好、购物习惯等多方面信息,对其信用等级和还款意愿变化进行预判,在第一次发生信贷业务但缺乏信贷强变量的情况下,及时用教育背景、过往经历等变量进行组合分析,以建立起信贷风险预警机制。由历史数据分析转向行为分析，将对目前的风险管理模式产生巨大突破。

三、利用互联网优化资产配置

在大资管背景下，商业银行为满足客户多元化投资需求，将不断扩大投资范围。资产管理业务的复杂性进一步增加，投资交易、产品设计等环节蕴含的风险因素也在不断积累，客观上要求商业银行持续优化风险管理工具、增强风险评估能力，有效控制资产管理业务的市场风险和产品风险。对风险管理来说，最重要的就是事先发现风险苗头，提前采取应对措施，防止潜在风险演变为事实风险。而互联网最核心的应用在于预测，为商业银行提前研判风险提供信息支持。如银行在配置资产端的资产时，可以通过互联网分析，综合资产端客户的资产负债、支付以及流动性状况，对资产端投资对象进行全面评估，提高对外投资的精准度，降低投资风险。Thasos Group 是美国一家初创对冲投资公司，其首席科学家潘巍认为，该公司是目前唯一一家使用互联网投资的对冲基金，而且收益率超过非高频交易之外的对冲基金平均交易水平，而它们之所以能够表现优异，是因为充分运用了互联网科学，通过对这些数据的挖掘来准确判断美国消费者的行为，进而了解美国宏观经济运行的趋势，从而做出正确的投资决策。

四、P2P 利用互联网管理风险的案例

2005 年 3 月，全球第一家 P2P 网贷公司 Zopa 于英国伦敦成立，2006 年 2 月，Chris Larsen 等人创办了美国第一家网贷公司 Prospero。2007 年 6 月，国内第一家网络贷款平台拍拍贷上线。2011 年，网贷平台进入快速发展期，一批网贷平台踊跃上线。2012 年我国网贷平台如雨后春笋纷纷成立。截至 2014 年底，P2P 网贷平台数量达到 1613 家，较 2013 年增加了 900 家以上，并且 2016 年不断有银行背景、互联网巨头控制的拥有强大背景的平台加入，打破了网贷平台一贯以来的"草根"印象，P2P 网贷也逐渐被投资机构所青睐，大量 P2P 平台完成了融资。P2P 网络贷款主要存在信用评估、业务监管、系统安全这三大风险，但是由于我国目前征信体系不完善，P2P 监管制度不健全，在没有找到很好的风险控制、系统监管手段之前，P2P 网贷仍处于巨大的风险之中。

传统的控制 P2P 网贷风险的方式主要有以下三点：①准入监管，建立基本准入标准和建立"谁批设机构，谁负责监管和风险处置"的机制。②运营监管，限定 P2P 网贷仅从事金融信息服务业，即作为中介机构，不得直接参与借贷活动；P2P 网贷必须严格隔离自有资金和客户资金，客户资金必须由第三方管理。③信息监管。P2P 网贷必须完整地保存客户资料，以备事后追责；P2P 网贷要如实披露经营信息，包括公司治理情况、业务数据等，供客户参考。

由此看来，传统的对 P2P 网贷的风险控制主要针对于网贷平台本身，而没能降低网贷平台所面临的客户道德风险、减少违约风险造成的坏账。在传统的借贷流程中，对借款人的信息审核也存在很多弊端，如用传统信息获取渠道判断信息真伪的成本较高；由于全程需要人工参与，既增加了道德风险，又导致效率极其低下；传统的风险评估模型中，对于借款人资产状况评估的权重过高；贷款人隐藏风险的难度较低，造假成本较低等，对坏账率的控制效果并不是很好，这不利于 P2P 网贷平台的风险控制，限制了 P2P 网贷平台的发展。

互联网为 P2P 网贷的信用风险控制提供新的解决思路。如果从互联网的角度来构思，就可以把更多权重放在借款人日常生活的交易数据及社交数据上，如借款人的消费情况、微博微信之类的社交圈活跃度等诸如此类的问题。这类数据不易作假，具有很好的连贯性，可以从中分析出很多的用户特性，并推断出借款人的信用状况。一旦数据开放共享的基础设施完善后，P2P 网贷平台的管理者就可以在拥有更全面的借款人数据的基础上，通过多个不同类型的信用分析模型，对借款人做出更趋于真实化和个性化的信用评级，投资人根据其信用等级高低做出是否借贷和以何种利息贷出的合理决策。更重要的是，在贷款期间还可以对借款人产生的数据进行持续记录分析，一旦有异常情况出现，就可以及时调查处理，这样可有效控制借款人的信用风险。因此，用互联网来控制 P2P 网贷的风险有极大的发展前景。

第二节　互联网时代数据收集中风险的管控

由于互联网的技术支持，企业决策能够获得更多的有用信息，并对这些信息进行有效分析，对财务流程、投资方案所带来的成本、收入和风险进行研究，选择能够使得企业价值最大化的最优方案和流程，帮助企业减少常规失误，进一步优化企业内部控制体系，最大限度地规避各种风险。互联网时代将为企业筹资、投资、营运、利润分配等各项业务提供更精准、全面的风险源数据，借助智能化内部控制和风险管理系统，财务人员能更好地完成对数据的提炼、分析与总结。互联网时代智能化信息系统还可自动计量风险资产，对公司各类资产进行盈利能力分析、偿债能力分析、敏感性分析、流动性分析等，并形成分析报告，给财务人员提供帮助。

一、宏观数据收集的风险

（一）数据管理的风险

风险管理的职能在于建立适合公司的风险管理体系，包括风险点识别、风险估测、风险评估、风险监控技术及风险管理结果检测，从而将风险控制在可影响的范围内，保证企业的健康可持续性发展。面对日益发展的宏观经济环境，风险管理在企业财务管理中占据越来越重要的地位。企业面临的风险日益提高，企业环境的不确定性，将是一种常态。经济周期、资源的竞争、内外部环境的变化都会成为企业不确定、不可避免的外部环境。

互联网时代，数据产生的增值效益日益突出，由此对数据管理提出更高的要求。企业财务数据管理风险主要是因数据管理不到位造成的各种不良后果，表现为财务系统因病毒、网络攻击、火灾及自然灾害等情况造成的无法正常使用问题；因管理不善造成的财务数据丢失、数据遭篡改，造成数据不能正常使用问题。这就要求企业在财务数据管理方面，一是要加强制度建设，建立异地备份等管理机制，特别是要考虑当前企业运转条件下信息系统一体化的数据安全问题；二是要加强信息安全管理，通过可靠的杀毒系统、系统防火墙建立可靠的信息安全屏障；三是要明确数据管理人员的职责，建立数据管理牵制机制。

（二）数据质量风险

互联网时代企业所要处理的数据比较多，但数据的质量往往参差不齐，如有些数据不一致或不准确、数据陈旧以及人为造成的错误等，通常被称为"脏数据"。由于数据挖掘是数据驱动，因而数据质量显得十分重要。"脏数据"往往导致分析结果的不正确，进而影响到决策的准确性。由于大部分的数据库是动态的,许多数据是不完整的、冗余的、稀疏的,甚至是错误的,这将会给数据的知识发现带来困难。人为因素的影响,如数据的加工处理以及主观选取数据等,会影响数据分析模式抽取的准确性。大量冗余数据也会影响到分析的准确性和效率。

因此,在互联网时代,不能不计成本盲目收集各种海量的数据,否则将成为一种严重的负担。数据的体量只是互联网的一个特征,而数据的价值、传递速度和持续性才是关键。总之,在互联网时代,通过对数据质量的控制和管理,可以提高数据分析的准确性。数据应用成为整个数据管理的核心环节,数据应用者比数据所有者和拥有者更加清楚数据的价值所在。由于数据的爆发性增长,在互联网时代宏观数据的质量直接关系着甚至决定了数据应用的效率和效果。企业采用宏观数据质量风险主要表现在由于数据不准确造成错误的分析结果,误导管理层;因宏观数据不完整造成决策支持效果不佳。这就要求企业在数据采集、处理和应用的过程中必须确保数据的质量。而在衡量数据的质量时,要充分考虑数据的准确性、完整性、一致性、可信性、可解释性等一系列的衡量标准。

二、内部数据收集的风险

(一) 成本数据的完整性

风险管理与企业内部控制的内容紧密联系,风险管理的风险处理点是内部控制的着力点,高效的内部控制会使企业对外部环境有更好的适应性,极大降低了企业的风险发生率。成本的高低是企业获得市场的一个很关键的因素。互联网时代下,专业的成本控制与分析人员不仅要具备一定的财务专业知识,还需要深入企业了解企业的工艺流程、生产过程、整个内控流程,关注生产效率、报废率、各种成本的差异、各种费用的使用合理情况,通过互联网技术,及时采集到与企业成本相关的数据,并应用于成本控制系统,进行分配与归集,分析成本构成,从而达到对公司进行有效控制的目的,为公司的决策提供依据。因此,企业应用互联网技术进行风险管理时,将会提供更为全面、准确的业务数据,借助财务云的智能化处理系统,准确地对风险进行分析与总结。互联网技术下的信息化处理系统,可自动评估企业的风险,对各资产情况进行智能分析,得出风险分析报告,帮助企业更高效地进行风险管理。同时,实现事前的风险预测、事中的风险控制及事后的风险管理。互联网处理系统可以在很大程度上提高企业风险管理的前瞻性。基于互联网技术的处理系统,企业能够获得更多有效的具有实时性的信息,可以帮助企业对投融资、收入、支出及风险控制等进行研究,从而对企业的运营决策进行指导,减少企业的无效流程及成本,优化企业的管理体制,进行有效的内部控制,尽可能规避企业的经营风险。

(二) 财务数据应用风险

传统数据管理的重心侧重于数据收集,而在互联网时代,数据应用成为整个数据管理的核心环节,数据应用者比数据所有者更加清楚数据的价值所在。企业数据应用风险主要表现在由于对高质量数据的不当应用,如使用了错误的财务分析模型,甚至是人为滥用造成偏离数据应用目标的情况;财务数据在应用过程中因数据管理不到位或人为因素造成企业商业机密泄露。这就要求企业高度重视互联网的应用管理,首先是要明确数据应用管理的目标,并建立高效的数据应用管理机制,以确保数据的应用效果;其次是要通过明确数据应用者的管理职责,加强数据应用过程中的核心信息管理,确保企业核心商业机密的安全性。

(三) 财务数据过期风险

传统数据管理强调存在性,即只要能获取数据并能满足企业的要求即可。而在互联网时代,企业对数据时效性的要求空前提高。企业财务数据过期风险主要表现为对数据的时效性管理不到位、财务数据反馈不及时造成决策不及时、贻误商业机会等情况。这就要求企业要从战略导向出发,高度重视数据应用的时效性管理,一方面在财务数据获取环节要充分考虑时间的及时性和可靠性;另一方面要在数据应用环节注意对数据的甄选,确保财务数据立足当前,面向未来,只有这样,才能帮助企业在瞬息万变的市场环境中处于优势地位。

三、互联网引发的会计信息风险

(一) 共享平台建设略显滞后

为了推动会计信息化的蓬勃发展,我国早在2004年就制定并发布了《信息技术会计核算软件数据接口》(GB/T 19581—2004)。2010年6月又发布了更新版的《财经信息技术会计核算软件数据接口》(GB/T 24589—2010)系列国家标准。随着国际上以 XBRL（可扩展商业报告语言）为基础的会计数据标准的产生，我国于2010年10月发布了《可扩展商业报告语言（XBRL）技术规范》(GB/T 25500.1—2010)系列国家标准和《企业会计准则通用分类标准》。由此可见，我国在会计数据标准的制定和应用方面始终走在国际的前沿，尤其是 GB/T 24589—2010 系列标准，不仅包括了会计科目、会计账簿、记账凭证、会计报表，还涵盖了应收应付、固定资产等内容，填补了国内标准化方面的空白，在国际上也处于领先的地位。

互联网环境下，云会计的推广和应用为企业带来许多益处。企业用户与云会计服务商签订使用协议，并按期支付费用以后，就可以获得海量的存储空间，将各种会计信息存放到云端，同时软件的开发和维护也全部交由云会计服务商负责，企业用户的运行成本及维护成本大幅下降。云会计可以让企业将工作重心转移到经营管理上，而将会计信息化的基础建设和软件服务工作外包给互联网企业，这种模式所带来的优势和效率显而易见地推动企业管理模式的转变和思维模式的转变。然而要在企业中推广云会计的应用，还存在着急需突破的困境，这些困境不但制约云会计服务商的发展壮大，而且无法消除企业采纳云会计的种种疑虑。

现代会计信息化的发展依赖于共同资源共享平台的建设，如云会计的发展主要依赖于云计算平台的技术发展。对于云计算供应商来说，在可扩展性较强的云计算模式下，通过专业化和规模经济降低提供软件服务成本的同时，还需要依靠大数量的用户提高自己的经济效益。

但要面对客户的需求提供一套与中小企业用户相符的会计信息化系统，这就需要进行大量的前期准备工作，主要是对用户的需求进行综合分析。不同于传统的按需定制软件，云计算供应商要求能够满足不同用户、不同地域和不同业务规则的需求，所以对服务的适应性、扩展性以及灵活性要求非常高，在技术上也提出更高的要求。因此，云计算平台建设的资金起点和技术水平较高，研发周期较长且风险较大。

目前，知名的云计算平台几乎都来自美国，如谷歌、亚马逊、Salesforce.com、Facebook 等，同时微软、富士通、IBM、SAP 等 IT 成熟公司也建有企业内部的云计算平台。相比国外先进的云计算技术平台，我国刚刚开始起步的自主研发财务会计信息化的云计算平台尚待成熟,且应用推广力度不够。对于国外开发的云计算平台,广大的企业并不放心将企业的经济数据及会计数据放到这些外部平台系统上。而国内的云会计平台建设滞后,也使云会计这种新型会计信息化模式发展面临巨大的障碍。由于云会计的建设较多依赖于云会计服务提供商,而云会计服务提供商的专业能力和售后服务质量直接影响云会计的应用效果。一旦云会计服务提供商技术支持响应不及时,或者停止运营,就可能对企业的正常运营造成破坏性的影响。因此,云会计平台建设的滞后直接影响到会计信息化的发展速度。

(二) 数据标准缺失困境

目前尚没有明确的指导性和约束性文件,云会计服务商只是凭着商业逻辑开发相关的软件并提供硬件基础服务,用户也只是根据自身需要选择相应服务,至于是否符合未来云会计数据的要求,则无暇顾及。各厂商在开发产品和提供服务的过程中各自为政,为将来不同服务之间的互联互通带来严重障碍。例如,用户将数据托管给某个云会计服务商,一旦该服务商破产,用户能否将数据迁移至另一个云会计服务商?如果用户将数据同时托管给多个云会计服务商,能否便捷地执行跨云的数据访问和数据交换?目前在数据的处理标准方面还没有具体的突破,尤其是在数据汇集以后,如何整理、如何分析、如何访问,是三个密切联系又急需解决的问题。

在互联网环境下,数据该如何共享,如何保持一致性,也必须有标准来支撑。另外,数据的质量标准是保证数据在各个环节保持一致的基础,这方面的缺失使数据的应用范围受到极大约束。由于数据标准的缺失,云会计的应用及服务标准也难以制定,如何对不同云会计服务商提供的服务进行统一的计量计费?如何定义和评价服务质量?如何对服务进行统一的部署?这些问题也使得云会计的普及举步维艰。

(三) 安全问题困境

云会计的安全不仅涉及当事企业,也与许多第三方企业的利益息息相关,这个问题解决得好,可以极大地促进云会计的发展,否则将使涉事企业面临经济、信用等多方面的巨大损失。一是存储方面的安全问题,云会计的存储技术运用虚拟化及分布式方法,用户并不知道数据的存储位置,云会计服务商的权限可能比用户还要高,因此云会计的数据在云中存储时,如果存储技术不完善，那么会计信息将面临严重的安全隐患。二是传输方面的安全问题，传统的会计数据在内部传输时，加密方法一般比较简单，但传输到云会计服务商的云端时，可能被不法用户截取或篡改，甚至删除，将导致重大的损失。

目前，我国网络会计信息化应用软件主要采用第一种认证方式，由于这种认证方式的设置比较简单，安全系数较低，其密码很容易被互联网中的监听设备或木马程序等病毒截获。此外，在身份认证管理方面，由于个别数据库管理员（DBA）或会计操作人员缺乏对系统用户口令安全性的认知，为了操作方便往往采用电话号码、生日号码等作为操作密码，这些数字口令极易被网络黑客破译，给系统留下了安全隐患。

在云会计中，企业的各种财务数据通过网络进行传递，数据的载体发生了变化，数据流动的确认手段也出现了多种方式，这时加强数据加密工作是云会计安全运行的关键。

事实上，在我国网络会计系统中数据的加密技术仍然不是非常成熟。大多数软件开发商在开发软件时，数据密钥模块的设置过于简单。加密则主要是对软件本身的加密，以防止盗版的出现，很少采取数据安全加密技术。在进入系统时加上用户口令及用户权限设置等检测手段也并不是真正意义上的数据加密。

网络传输的会计数据和信息加密需要使用一定的加密算法，以密文的形式进行传输，否则信息的可靠性和有效性很难获得保障。在数据没有加密的情况下，数据在互联网中传输容易出现安全性问题，企业竞争对手或网络黑客可以利用间谍软件或专业病毒，突破财务软件关卡进入企业内部财务数据库，非法截获企业的核心财务数据，并可能对传输过程中的数据进行恶意篡改。企业最为机密的核心财务数据遭黑客盗窃、篡改，或是被意外泄露给非相关人员，这对企业而言无疑是致命的。

第三节　互联网时代财务风险预警及管理途径

过去财务核心能力包括财务决策、组织、控制和协调，如果这些能力能够超过竞争对手的话，企业就会在竞争中具有绝对的优势。但是随着时间的推移，目前企业环境的多变性和不稳定性加剧了企业之间的竞争，企业除了具备上述的能力外，还需要拥有很强的识别能力以及对风险的预知能力。因此，现在的财务风险防范胜于防治，做好财务风险的预警和控制就成为当今企业的重要处理对象。

财务风险管理者对互联网分析方法的研究应聚焦于基于互联网的商务分析，以实现商务管理中的实时性决策，葆有持续学习能力。传统的数据挖掘和商务智能研究主要侧重于对历史数据的分析，面对互联网的大机遇，企业需要实时地对数据进行分析处理，帮助企业获得实时商业洞察。例如，在互联网时代，企业对市场关键业绩指标（KPI）可以进行实时性的监控和预警，及时发现问题，做出最快的调整，同时构建新型财务预警机制，及时规避市场风险。

企业所面对的数据范围越来越宽、数据之间的因果关系链越来越完整，财务管理者可以在数据分析过程中更全面地了解到公司的运行现状及可能存在的问题，及时评价公司的财务状况和经营成果，预测当前的经营模式是否可持续、潜藏哪些危机，为集团决策提供解决问题的方向和线索。

与此同时，财务管理者还要对数据的合理性、可靠性和科学性进行质量筛选，及时发现数据质量方面存在的问题，避免因采集数据质量不佳导致做出错误的选择。

一、互联网时代对财务风险理论的影响

（一）传统的财务风险及预警

公司所面临的风险主要涉及商业风险和财务风险，以及不利结果导致的损失。商业风险是由于预期商业环境可能恶化（或好转）而使公司利润或财务状况不确定的风险；财务风险是指公司未来的财务状况不确定而产生的利润或财富方面的风险，主要包括外汇风险、利率风险、信贷风险、负债风险、现金流风险等。一个有过量交易的公司可能是现金流风险较高的公司。对库存、应收款和设备的过分投资导致现金花光（现金流变成负的）或贸易应付款增加。因此，过量交易是一种与现金流风险和信贷风险有关的风险。

对风险的识别与防控无疑是企业财务管理的核心与灵魂。财务理论中有关风险的核心观点与内容应该包括如下内容：①财务理论中所指的"风险"主要来源于数理分析中的"风险性和不确定性"事件。虽然有时候财务理论

也强调"风险性"和"不确定性"之间的差异,但是在"主观概率"的引导下,财务工作者几乎把"风险性"与"不确定性"等同起来看待。②财务理论大多关注如何"减低"企业流动性风险(偿付能力)等具体的风险。③在风险防范的对策方面,财务理论所提供的解决方法,一是对资本结构进行适当水平的动态调整;二是结合证券投资理念中的投资组合思想。

巴菲特认为,学术界对风险的定义存有本质错误,风险应指"损失或损害的可能性"而不是贝塔值衡量的价格波动性;用贝塔值衡量风险精确但不正确;贝塔值无法衡量企业之间内在经营风险的巨大差异。显然,这样的财务管理理论,仅从数理角度去表达、计算以及探索风险防范,在风险与风险管理理念、内容和技术方面均存在缺陷。

(二)企业财务风险管理理论重构

在互联网时代,财务风险管理理论需要在多方面进行重构。

第一,财务风险概念重构。财务风险是一个多视角、多元化、多层次的综合性概念。一个现实的、理性的财务风险研究理论应该是在对风险要素、风险成因、风险现象等不同财务风险层次的理解和研究的基础上形成的。

第二,风险防控对策重构,要特别关注各类风险的组合和匹配。当经济处于低迷期,企业需要在投资导致财务危机的风险与不投资带来竞争地位的损失之间进行权衡。而当经济处于萧条期,如果企业过度强调投资带来的财务风险,那将以承受不投资导致竞争地位下降的风险为代价。因此,企业需要根据对经济环境的判断,平衡投资财务风险和投资竞争风险。

第三,风险评估系统重构。企业应降低对防范风险金融工具的依赖。互联网背景下的财务管理理论应以实用为原则,围绕如何建立更加有效的评估企业经营风险状况的预警系统进行深入探讨,良好的风险预测能力是防范风险的利器。

对企业经营风险的控制,需要企业开发基于互联网、能够进行多维度情景预测的模型。预测模型可以用于测试新产品、新兴市场、企业并购的投资风险。预测模型将预测分析学和统计建模、数据挖掘等技术结合,利用它们来评估潜在威胁与风险,以达到控制项目风险的目的。例如,万达集团基于互联网的预测模型,既是预算管控的最佳工具,也是风险评估与预防的有效平台。

二、在信贷风险分析中的应用前景

以 2008 年美国金融危机为例，这次危机肇始于房地产抵押贷款，雷曼兄弟、房利美、房地美、美林和贝尔斯登等财团相继破产或并购，倘若事前已经建立互联网风险模型，及时对金融行业的系统性风险及其宏观压力进行测试，这场波及全球的金融危机或许能够避免，至少可以避免房贷风险溢出而放大多米诺骨牌效应。

倘若 2008 年以前华尔街就建立了互联网财务风险模型，雷曼兄弟等财团能正确地对客户群进行预风险分析，倘若美联储和美国财政部早些时候能关注宏观经济流量和金融市场变量的风险，及早利用互联网分析技术制定金融危机预案，切断风险传递，危机就不会严重冲击全球经济。

综上所述，集团公司要建立风险防控机制，通过互联网风险预测模型分析诊断，及时规避市场风险，最大限度减少经济损失。

信贷风险是长期困扰商业银行的难题，无论信贷手册如何详尽，监管措施如何到位，信贷员们如何尽职，坏账仍难以规避，大的违约事件仍层出不穷。准确和有价值的互联网信息为银行的信贷审批与决策提供了一个新的视角和管理工具，信贷风险的难点在于提前获得某家企业出事的预警。以前，银行重视的是信用分析，从财务报表到管理层表现，依据历史数据，从历史推测未来。自从社交媒体问世后，包括微信、微博在内的社交网站以及搜索引擎、物联网和电子商务等平台为信贷分析提供了一个新维度。银行凭借这些更加准确和具有厚度的数据完成对客户的信用分析，并根据变化情况相应调整客户评级，做出风险预判。这样一来，信贷决策的依据不再是滞后的历史数据和束缚手脚的条条框框，而是变化中的数据。信贷管理从被动转变为主动，从消极变为积极，信用分析方面从僵化的财务发展到对人的行为分析，互联网为信贷审批与管理开创了全新的模式。

第四节 互联网时代企业有效全面的风险管理体系构建

风险是指企业在各项财务活动过程中，由于各种难以预料或无法控制的因素，使企业实际收益与预计收益发生偏离的一种可能性。鉴于财务的谨慎性原则，提到风险人们一般最先想到的是损失与失败。风险管理是现代企业财务管理的重要内容，企业风险复杂性日益提高，不确定性将成为企业必须面对的一种常态。经济波动、资源紧张以及政治和社会变动都会构成不确定、不稳定的经营环境，而研发失败、营销不力、人事变动等内部风险亦不可避免。风险管理和内部控制紧密相连，智能化风险管理系统对企业各项业务进行监控、指标检测及预警、压力测试，并可针对各类风险事件进行处理，实现事前、事中的风险控制及事后的管理监测。

同时，互联网还增强了企业风险管理的洞察力和前瞻性。内部控制是指企业为了确保战略目标的实现、提高经营管理效率、保证信息质量真实可靠、保护资产安全完整、促进法律、法规有效遵循，而由企业董事会、管理层和全体员工共同实施的权责明确、制衡有力、动态改进的管理过程。内部控制是一个不断发展、变化、完善的过程，它由各个阶层人员来共同实施，在形式上表现为一整套相互监督、相互制约、彼此联结的控制方法、措施和程序，这些控制方法、措施和程序有助于及时识别和处理风险，促进企业实现战略发展目标，提高经营管理水平、信息报告质量、资产管理水平和法律遵循能力。内部控制的真正实现还需管理层人员真抓实干，防止串通舞弊。

互联网时代下，企业面临着纷繁复杂的数据流，数据的有效运用成为企业的一种竞争实力。数据集成是通过各种手段和工具将已有的数据集合起来，按照一定的逻辑关系对这些数据进行统一的规划和组织，如建立各种数据仓库或虚拟数据库，实现数据资源的有效共享。随着分布式系统和网络环境日益普及，大量的异构数据源被分散在各个网络节点中，而它们之间往往是相互独立的。为了使这些孤立的数据能够更好地联系起来，迫切地需要建立一个公共的集成环境，提供一个统一的、透明的访问界面。

数据集成所要解决的问题是把位于不同的异构信息源上的数据合并起来，以便提供这些数据的统一查询、检索和利用功能。数据集成屏蔽了各种异构数据间的差异，通过集成系统进行统一操作。根据数据驱动的决策方式进行决策，将大大提高企业决策的科学性和合理性，有利于提高企业的决策和洞察的正确性，进一步为企业的发展带来更多的机会。内部环境是企业实施内部控制的基础，包括企业治理结构、机构设置及权责分配、内部审计、人力资源政策、企业文化等内容。

一、运用互联网推动企业内控环境的优化

（一）通过互联网推动内控环境有机协调

企业董事会、监事会、审计部、人力资源部等组织分立，职责区分，相互制衡，有助于内控目标的实现，但也容易产生纵向、横向的壁垒与相互协作上的障碍。而在内外部数据可得与技术可行的情况下，互联网有助于推动内控环境各环节、各层次之间的信息共享与相互透明化，从而推动内控环境内部的有机协调，提升内部控制的效果。

（二）通过互联网来准确衡量内控环境的有效性

对企业文化的评估，是内部环境的重要环节，但企业文化是隐性的。如果能够通过对社交网络、移动平台等互联网的整合，将员工的情绪、情感、偏好等主观因素数据化、可视化，那么企业文化这种主观性的东西也就变得可以测量。

（三）通过互联网来增加内控环境的弹性

如在机构设置方面，一家企业创建怎样的组织结构模式才合适，没有一个标准答案。而在基于互联网分析的企业中，企业的人工智能中枢或者计算中心有望从企业的战略目标出发，根据企业内外部竞争环境的变化，对组织机构做出因时而动的调整。

二、运用互联网提高风险评估的准确度

风险评估是企业内部控制的关键工作，及时识别、系统分析经营活动中相关的风险，合理确定风险应对策略，对于确保企业发展战略的实现，有着重要的意义。来自企业内部管理、业务运营、外部环境等方面的互联网，对于提高风险评估的准确度，会有明显的帮助。一些银行已经用互联网更加准确地度量客户的信用状况，为授信与放贷服务提供支持；又如一些保险公司也在尝试将互联网用于精算，以得出更加准确的保险费率。以此为启发，企业可将互联网广泛运用到内部风险与外部风险评估的各个环节。如在内部风险评估上，可利用互联网对董事、监事以及其他高管管理人员的偏好能力等主观性因素进行更加到位的把握，从而避免管理失当的风险，也可将互联网

用于对研发风险的准确评估。在外部风险识别上，互联网对于识别政策走向、产业动向、客户行为等风险因素也会有很好的帮助。例如，招商银行是中国第六大商业银行，而 Teradata 是一家处于全球领先地位的企业级数据仓库解决方案提供商，在中国有数百家合作伙伴。Teradata 公司针对招商银行庞大客户群的海量客户数据，为其提供了智能数据分析技术服务，用于升级数据仓库管理系统。除此以外，Teradata 还监控并记录客户在 ATM 机上的操作，通过这种方法了解并分析客户的行为，能够有效预防借助 ATM 机实施的违法行为。

三、运用互联网增强控制活动的成效

（一）互联网为控制活动的智能化提供了可能

内部控制活动包括不相容职务分离控制、授权审批控制、会计系统控制、财产保护控制、预算控制、运营分析控制和绩效考评控制等。基于各种管理软件和现代信息技术的自动化企业管理，在企业管理中早有应用。在互联网时代，海量、种类繁多、适时性强的数据进一步为智能化企业管理提供了可能。谷歌、微软、百度等都在以互联网为基础，开发人工智能。有研究指出，机器人当老板，员工会更听话。机器人并非是万能的，但在智能化的企业内控模式下，控制活动的人为失误将得到明显的降低，内控的成效也会得到很好的提升。随着互联网在集团战略地位的日益提高，阿里巴巴集团旗下的淘宝平台开始推出多种商业互联网业务。基于阿里信用贷款采集到的海量用户数据，阿里金融数据团队设计了用户评价体系模型，该模型整合了成交数额、用户信用记录等结构化数据和用户评论等非结构化数据，加上从外部搜集的银行信贷、用电量等数据，建立了全面的评价体系。阿里金融可借此得出放贷与否和具体的放贷额度的精准决策，其贷款不良率仅为 0.78%。阿里通过掌握的企业交易数据，借助互联网技术自动分析判定是否给予企业贷款，全程不会出现人工干预。

（二）互联网提高了控制活动的灵活性

财务战略管理制定实施中，必须对所有的因素和管理对象进行全面的考虑，细致到企业采购、合同签订、物资验收、资源保管、资金使用、报销、报废等多方面，只有这样才能使企业财务战略管理职能得到最大限度的发挥,才能将风险降到最低。

风险是企业日常运营及生产中的最大隐患,重大的财务风险直接影响着企业的生存。全面的考虑能够强化财务战略管理的风险控制功能,使企业处于良性运作中。控制活动目的是降低风险,最终为企业发展服务,因此,关于内控活动的各项制度、互联网与企业内部控制机制需要避开管理教条主义的陷阱。在控制活动全方位数据化的条件下,企业可根据对控制措施、控制技术、控制效果等各类别互联网的适时分析、实验,及时地发现问题并进行完善,从而提高管理成效。沃尔玛、家乐福、麦当劳等知名企业的一些主要门店均安装了搜集运营数据的装置,用于跟踪客户互动、店内客流和预订情况,研究人员可以对菜单变化、餐厅设计以及顾问意见等对物流和销售额的影响进行建模。这些企业可以将数据与交易记录结合,并利用互联网工具展开分析,从而在销售哪些商品、如何摆放货品以及何时调整售价方面给出意见,此类方法已经帮助企业减少了17%的存货,同时增加了高利润自有品牌商品的比例。

(三) 互联网分析本身即可作为一种重要的控制活动

互联网可以提高企业运营与管理各方面的数据透明度,从而使控制主体提高对企业各种风险与问题的识别能力,进而提高内控成效。目前,商业银行已开始逐步利用数据挖掘等相关技术进行客户价值挖掘、风险评估等尝试。尤其是在零售电子商务业务方面,对于海量数据以及客户网络行为表现信息,可以利用相关技术进行深度分析。通过分析所有电子商务客户的网银应用记录及交易平台的具体表现,可以将客户分为消费交易型、资金需求型以及投资进取型,并能够根据不同分组客户的具体表现特征,为以后的精准化产品研发、定向营销,以及动态风险监控关键指标等工作提供依据。虽然商业银行在零售业务领域存储了大量数据,但由于以往存储介质多样化、存储特征不规范等,数据缺失较为严重,整合存在较大难度,造成部分具有较高价值的变量无法利用。同时,互联网时代的数据包含了方方面面的属性信息,可以理解为"信息即数据"。因此,商业银行除了要积累各种传统意义上的经营交易数据外,还要重视其他类型的非结构化数据积累,如网点交易记录、电子渠道交易记录、网页浏览记录、外部数据等,打造商业银行互联网技术应用的核心竞争力。

四、互联网变革了信息传递与沟通方式

信息与沟通是企业进行内部控制的生命线，如关于企业战略与目标的信息、关于风险评估与判断的信息、关于控制活动中的反馈信息等。没有这些信息的传递与沟通，预测、控制与监督的内控循环就没办法形成。企业运营中的信息与沟通，经历了从纸面报告、报表、图片等资料到计算机时代信息化平台的变迁。这一过程中企业信息的数量、传递与分析技术，得到了巨大的提升。当前的互联网时代，企业在信息与沟通上又迎来了一个革命性的变化。企业把云计算应用于会计信息系统，可助推企业信息化建设，减少企业整体投入，从而降低企业会计信息化的门槛和风险。用户将各种数据通过网络保存在远端的云存储平台上，可以利用计算资源能更方便快捷地进行财务应用部署，动态地调整企业会计软件资源，满足企业远程报账、报告、审计和纳税功能的需要。

云计算在具体使用中还要解决会计数据隐私保护及信息安全性问题，克服用户传统观念和使用习惯，打破网络带宽传输速度的瓶颈，避免频繁的数据存取和海量的数据交换造成的数据延时和网络拥塞。为更好地配套支持企业会计准则的执行，满足信息使用者尝试分析的需求，会计司推进了可扩展商业报告语言（XBRL）的分类标准建设，使计算机能够自动识别、处理会计信息。

随着《企业内部控制基本规范》的发布，企业在实施信息化过程中，要考虑如何将各种控制过程嵌入业务流和信息流中。为了确保和审查内部控制制度的有效执行，必须加强信息化内控的审计点设置，开展对会计信息系统及其内控制度的审计，将企业管理系统和业务执行系统融为一体，对业务处理和信息处理进行集成，使会计信息系统由部门级系统升格为企业级系统，以最终达到安全的、可靠的、有效的应用。会计信息化除了需要建立健全的信息控制系统，保证信息系统的控制及有效执行外，还要通过审计活动审查与评价信息系统的内部控制建设及其执行情况，通过审计活动来发现信息系统本身及其控制环节的不足，以便及时改进与完善。

对于企业来说，来自 OA、ERP、物联网等内部信息化平台的数据，来自传统互联网、移动互联网、外部物联网等的数据，将使企业置身于一个不断

膨胀的数据海洋。对于企业来说,互联网的革命可以为企业带来智能化的内部控制,也可以让管理者准确把握每一位员工的情感。互联网使企业内控进入一个全新的境界。对于很多金融服务机构来说,爆炸式增长的客户数据是一个亟待开发的资源。数据中所蕴藏的无限信息若以先进的分析技术加以利用,将转化为极具价值的洞察资源,能够帮助金融企业执行实时风险管理,成为金融企业的强大保护盾,保证金融企业的正常运营。

与此同时,互联网也推动着商业智能的发展,使其进入消费智能时代。金融企业风险管理能力的重要性日渐彰显。抵押公司、零售银行、投资银行、保险公司、对冲基金和其他机构对风险管理系统和实践的改进已迫在眉睫。要提高风险管理实践,行业监管机构和金融企业管理人员需要了解最为微小的交易中涵盖的实时综合风险信息;投资银行需要知道每次衍生产品交易对总体风险的影响;而零售银行需要对信用卡、贷款、抵押等产品的客户级风险进行综合评估。这些微小信息会产生较大的数据量。金融企业可以利用互联网分析平台,实现以下分析,从而进行风险管理:①自下而上的风险分析,分析 ACH 交易、信贷支付交易,以获取反映压力、违约或积极发展机会;②业务联系和欺诈分析,为业务交易引入信用卡和借记卡数据,以辨别欺诈交易;③跨账户参考分析,分析 ACH 交易的文本材料(工资存款、资产购买),以发现更多营销机会;④事件式营销,将改变生活的事件(换工作、改变婚姻状况、置房等)视为营销机会;⑤交易对手网络风险分析,了解证券和交易对手间的风险概况和联系。

五、互联网为企业内部监督提供了有力支撑

互联网从字面上看往往使人们仅仅关注数据规模,而忽视了数据之间的联系。在复式记账法下,每一笔凭证都有借贷双方,这就使得会计科目、会计账户、会计报表之间有着密切的勾稽关系。会计电算化的出现避免了手工记账借贷双方不平的风险,但在会计科目的使用规范、会计报表数据的质量校验等方面难有作为。对于中小企业来说,对会计报表的数据错误进行事后更正比较容易,但对于存在大量财务报表合并的集团企业,会计核算不规范将给财务人员带来较大的困扰。在互联网时代下,企业的核算规范和报表之间的勾稽关系将作为财务数据的校验规则纳入财务系统,对企业会计核算规

范的执行和报表数据质量进行实时控制,这样就能实现企业月结报表合并的顺利执行,真正实现敏捷财务。

当前国外 SAP 公司的企业财务报表合并系统 BCS 已经能够对企业财务报表的勾稽关系进行强制检查,对于不能通过检查的报表,合并将无法继续。下属单位财务人员需要不断地去调整自己的凭证,以满足上报标准,完成月结,经过不断磨合调整,集团整体的核算规范才能得到落实。但这样的方法仍然是一种事后控制,需要耗费大量的人力、精力,且公司人事变动对月结速度影响极大,如果将风险控制在做账环节,则更有益于财务管理的提升。在上文提到的原始凭证"数据化"实现之后,我们可以通过对企业原始凭证种类的梳理,按照不同的业务内容对"数据化"原始凭证进行标记,财务系统会对原始凭证进行识别后,限制此类原始凭证可以使用的会计科目,从而进一步降低风险。

对企业内部控制环境、风险评估、控制活动、信息与沟通等组成要素进行监督,建立企业内控有效性或效果的评价机制,对于完善内部控制有着重要的意义。在这种内控的监督过程中,互联网至少可以提供两方面的帮助。其一,互联网有助于适时的内控监督。互联网的显著特点之一是其流数据、非结构化数据的适时性,在互联网技术下,企业可以适时采集来自内部信息化平台、互联网、物联网等渠道的大量数据信息,以此为基础,对内部控制效果的适时评价就成为可能,定期报告式监督的时效缺陷就可以得到弥补。其二,互联网还有助于全面的内控监督。互联网另一个显著特点是总体数据的可得性与可分析性。传统审计中所进行的抽样评估的缺陷,在互联网下可以得到避免。相比之下,基于互联网技术的内部控制评价,将更为客观、全面。

六、互联网增加了企业对财务风险的预警能力

财务预警是以企业的财务会计信息为基础,通过设置并观察一些敏感性财务指标的变化,而对企业可能或将面临的财务危机实现预测预报或实时监控的财务系统。它不是企业财务管理中的一个孤立系统,而是风险控制的一种形式,与整个企业的命运息息相关,其基本功能包括监测功能、诊断功能、控制功能和预防功能。

目前，财务危机风险预警是一个世界性的问题和难题。从 20 世纪 30 年代开始，比较有影响的财务预警方法已经有十几种，但这些方法在经济危机中能够真正预测企业财务风险的却很少。究其原因，大多数模型中，财务指标是主要的预测依据。但财务指标往往只是财务发生危机的一种表现形式，甚至还有滞后反应性、不完全性和主观性。更为严重的是在基于财务指标预警模型建立过程中，学者们往往都假设财务数据是真实可靠的，但这种假设忽略了财务预警活动的社会学规律，为财务预警模型与现实应用的脱节埋下了伏笔。许多学者建立了结合非财务指标的模型，但所加入的能够起到作用的非财务指标都是依靠试错方法引入的，即都是在危机发生之后，才能够使指标得以确认以及引入模型，下一次经济危机的类型不同，之前建立的财务预警模型便会无法预测甚至可能发生误导。因此，靠试错引入的非财务指标具有一定的片面性，忽视了这些指标间的相互作用和相互关系，无法顾及这些指标是否对所有企业具有普遍适用性。

互联网信息比以往通过公司公告、调查、谈话等方式获得的信息更为客观和全面，而且这些信息中可以概括企业在社会网络中的嵌入性影响。在社会环境中，企业存在的基础在于相关者的认可，这些相关者包括顾客、投资者、供应链伙伴、政府等。考虑到企业的经营行为，或者企业关联方的动作都会使企业的相关者产生反应，进而影响到网络上的相关信息。因此，我们可以把所有网民看作企业分布在网络上的"传感器"，这些"传感器"有的反映企业的内部运作状态，有的反映企业所处的整体市场环境，有的反映企业相关方的运行状态等。互联网企业财务预警系统不排斥财务报告上的传统指标，相反，传统的财务指标应该属于互联网的一部分。互联网上网民对企业的相关行为，包含了线下的人们和企业的接触而产生对企业的反应，这些反应由于人们在社会网络中角色的不同，涵盖了诸如顾客对产品的满意度、投资方的态度、政策导向等各种因素。起到企业"传感器"作用的网民在线下和企业有着各种各样的角色关系；这些角色和企业的相互作用会产生不同的反应，从而刺激网民对企业产生不同的情绪。群体的情绪反映在互联网上，才使这些信息能够被保存下来并被我们获取，这些不同的情绪经过网络上交互过程中的聚集、排斥和融合作用，最后会产生集体智慧，这些群体智慧能反映企业的某种状态。

在实证研究过程中，相关学者利用聚焦网络爬虫，收集了从 2012 年 1 月

1日到2016年12月31日的关于60家企业的所有相关全网网络数据,包括新闻、博客、论坛等信息,经过在线过滤删重,最终获得有效信息共7000万余条。来自网络的上市公司相关互联网信息主要是非结构化的文本信息,而且包含大量重复信息。为了验证互联网反映的相关情绪能够有效提高财务风险预警模型的性能,要把这些信息进行数值化处理,过滤掉大量无效数据,并且进行基于财经领域词典的文本情绪倾向计算。同时对相关上市公司的有效信息进行频次统计,以便验证互联网有效信息频次对财务风险预警模型的影响。通过与财务指标的结合,对研究假设进行实际数据验证,研究者发现引入互联网指标的财务预警模型,相对财务指标预警模型,在短期内对预测效果有一定提高,从长期来看,对预测效果有明显提高,互联网指标在误警率比财务指标表现明显要好,从而验证了在复杂社会环境中,依靠互联网技术加强信息搜寻是提高财务预警有效性的重要路径这一观点。

七、商业银行利用互联网评价电子商务风险的案例

随着互联网、移动通信技术的逐步应用,人们的生活、生产方式被强烈冲击。电子商务、移动互联网、物联网等信息技术和商业模式的兴起,使社会数据量呈现爆炸式增长。因此,采用互联网技术,可以有效解决信息不对称等问题,合理提高交易效率,降低交易成本,并从金融交易形式和金融体系结构两个层面改造金融业,在风险管控、精细化管理、服务创新等方面具有重要意义。与21世纪初互联网刚刚起步时仅将网上银行作为渠道经营不同,当前的互联网金融具有尊重客户体验、强调交互式营销、主张平台开放等新特点,且在运作模式上更强调互联网技术与金融核心业务的深度整合,风险管理技术与客户价值挖掘技术等进一步融合。而且,随着互联网分析思维的渐入以及技术的逐步推广,通过个人客户网络行为产生的各种活动数据,可以较好地把握客户的行为习惯以及风险偏好等特征。因此,为了在互联网浪潮中把握趋势,可采用相关技术深入挖掘相关数据,通过对客户消费行为模式以及事件关联性的分析,更加精确地掌握客户群体的行为模式,并据此进行零售电子商务风险评分模型设计,使其与客户之间的关系实现开放、交互和无缝接触,满足商业银行风险管理工作的精细化要求和标准,并为打造核心竞争力提供决策依据。

（一）电子商务风险评分模型的开发过程

电子商务风险评分模型的开发过程具体如下。

1. 进行相关业务数据分析和评估

此阶段要对内部电子商务企业数据和环境进行深入研究和分析，并对业务数据进行汇总检查，了解数据是否符合项目要求，并评估数据质量。

2. 基于相关建模方法进行模型设计

此阶段主要定义电子商务客户申请评分卡的目标和开发参数，如电子商务客户定义标准、排除标准，确定客户的定义，建模的观察窗口、表现窗口、抽样计划等。

3. 建模数据准备

此阶段根据详细的数据分析结果以及开发所需的数据，为模型开发进行数据提取和准备，主要进行业务数据及关键变量的推导、合并，生成建模样本中的每个账户的预测变量、汇总变量以及好/坏/不确定/排除标志。

4. 进行指标的细分分析

此阶段主要用来识别最优的群体细分，确定相关的建模备选变量，并在此基础上开发一系列的评分模型，使得整体评分模型体系的预测能力达到最大化。

5. 模型的确定和文档撰写

模型的确定和文档撰写包括最终模型的开发和最终标准的模型文档。在确定了建模的基础方案及各指标参数后，将采用统计学汇总及业务讨论等方法，对进入模型的每个变量产生一份特征变量分析报告，以评价各变量的表现情况。在此基础上，总结归纳变量的表现，并采用一定的方法，将账户的风险与评分结果建立起函数关系，构建体系性的评分卡模型。

6. 进行模型的验证

此阶段分为建模样本内验证和样本外验证，同时，样本外验证又分为建模时点验证和最新时点验证两部分。验证的工作主要是进行评分卡工具在模型的区分能力、排序能力和稳定性方面的建议工作。

（二）构建特征变量库并进行模型框架

设计此阶段的主要工作如下。

第一，创建申请及企业信息数据集（备选变量库）。根据相关业务特征及风险管理的实践，大致可以从个人特征类变量、网络行为类变量、交易行为类变量、合同类变量、征信类变量等进行相关备选变量的构建和组合。

第二，利用决策树模型，进行客户群组细分。通过上述备选特征变量，利用决策树模型，最终将客户划分为投资进取型、个人消费交易型和小微企业资金需求型客户。其中，投资进取型主要为理财类、贵金属外汇等产品交易类客户，其更多的是利用电子商务平台和网络银行渠道进行投资活动，而对信贷资金的需求较小。个人消费交易型主要为信用卡消费、网上商城消费的个人消费者和汽车贷款、消费分期等个人消费类贷款网上申请客户。小微企业资金需求型主要为B2B和B2C类的小微企业客户。

第三，进行各客户群组特征变量的分析和筛选。通过对各客户群组特征变量的分析可以看出，不同的客户群体，其高度相关的特征变量具有较大的差异性，例如，对于投资进取型客户，其登录网银账户后的点击栏目与个人消费型客户具有明显的差异，且信用卡利用频率和额度使用率也存在较大差异。因此，可以通过此类方法，寻找出最具有客户特征的变量组。

第四，进行模型框架设计。通过对上述客户群体特征的归纳和总结，同时考虑相关数据的充分性和完整性，目前可针对个人消费交易型以及B2B和B2C类的小微企业客户等风险评分模型进行构建。

(三) 实证研究结果

以B2C类个人消费交易型客户风险评分卡模型为例，某商业银行电子商务业务发展规模较大分行，基于2012年至2016年12月末的业务数据构建电子商务零售客户评分卡模型，同时，为合理扩大相关业务数据分析范围，涵盖了与电子商务相关的信用卡业务、小微企业业务、个人消费贷款等线下产品的相关数据。实证结果表明，采用互联网挖掘构建的零售电子商务风险评分卡模型，不仅提高了业务办理的效率，还可以全面衡量电子商务客户的相关风险。经单笔债项测试，采用电子商务风险评分卡可以在几秒内进行风险识别和评判。

第六章　互联网时代下财务管理信息化融合

在互联网时代的背景下，互联网技术已成为企业新的生产要素，并且融入企业的日常经营管理当中，助力价值创造。财务管理是企业内部的一项重要工作，互联网技术的介入，更是赋能企业的经营创新，促进了财务管理职能边界的拓展。从现代企业面临的竞争格局来看，企业必须加强对互联网技术的应用，推进财务管理信息化融合，以便适应互联网经济时代，实现价值创造与持续经营。

第一节　财务管理信息系统的开发背景

财务的信息管理系统在企业中包含了设计、产品、企业管理、生产过程以及市场经营等信息，这些都和财务的数据信息联系紧密。尽管各个企业的主要业务都不同，但每个企业的主要资源都含有财务管理。可以说企业信息研究的中心就是财务管理。财务信息管理系统包括资金流以及信息流的管理，还要控制成本，以求有效地将实际的企业业务在企业的财务上运行。

在 CRM 以及 ERP 系统实施时，财务信息管理系统占据着核心的位置。对于整个的 ERP，财务信息系统相对于其他的系统来说，已经能够很早地实现信息系统的处理，很多的企业都是先处理一些财务信息，接着将企业的流程进行规划，这样财务的管理便能够慢慢向供应链的相关业务中的决策方面、再造的信息资源方面、管理等方面进行有效的过渡，在其他方面与财务信息管理有相关的信息数据交往。这些方面都相互交织起来，形成了一个比较完整的信息系统。所以，在现代这个信息化的时代，企业财务管理系统能够在很大程度上提高企业办事的效率，对企业做决策起到非常重要的作用，在一定程度上节省了人力物力，因此，研发企业财务管理系统对企业来说是当务之急，这对企业利益有很大的影响。

第二节 财务管理信息系统的需求分析

一、系统业务分析

（一）固定资产管理业务流程分析

固定资产是指企业运作所需的非资金流的资产，如办公室的桌椅、茶具、柜子等办公所需的实体物资。固定资产管理是对企业中各部门采购的物资进行管理，包括对物资的采购、对采购物资的报销以及对采购物资以及报销材料的审核。固定资产管理是企业财务信息管理的基础环节。

固定资产管理业务流程为：企业中各部门将采购物品申请发送给财务部，财务部对该物品申请进行审核后交由财务主管进行审定，财务主管审定后，总经理判断是否对该物品采购申请进行审批，若不审批，则各部门继续申请物品采购；若审批，则各部门开始采购物品，并办齐报销的材料，财务部门签批该发票后交由财务主管，财务主管判断是否审批该报销的材料，若不审批，则各部门重新办齐报销的材料；若财务主管审批该报销的材料，则财务部将该发票报销，并将固定资产入账，此次固定资产管理结束。

（二）员工信息管理业务流程分析

员工信息管理是对进入企业中的员工的个人信息进行记录与保存，若员工的信息有变动则可以进行更改。员工信息管理在企业的财务管理中具有重要的地位。员工信息管理业务流程为：新进员工填写个人的基本信息表，并将该个人基本信息表提交给人事部，人事部查阅员工的个人基本信息后判断该信息是否有误，若存在错误，则员工重新填写个人基本信息表；若没有错误，则系统保存该员工的信息，并将新进员工的信息提交给财务部门，财务部根据名单为新员工建立个人财务档案，并保存档案供后期使用，此次员工信息管理结束。

（三）工资管理业务流程分析

工资管理是对企业中员工的工资计算、审核以及发放进行管理。工资管理是企业财务每个月要做的事情,是企业财务信息管理的核心部分。工资管理的业务流程为:财务部获取到企业的员工表单后根据名单拟定员工的工资发放表,财务主管审核该工资发放表,若拟定有误,财务主管交由财务部进行修改,财务部根据名单重新拟定工资发放表;若拟定无误,则财务部根据工资表发放工资,员工领取到个人工资后,审核自己的工资是否有误,若有误,则财务部核实该有误的情况后重新发放工资;若员工审核自己的工资无误后即在工资表上签名,此次工资管理结束。

(四)凭证管理业务流程分析

凭证指的是用于证实财务事件的发生,登记在账簿上,并能够明确个人的经济职责的拥有社会法律保障的书面的纸张。凭证管理是在发生财务事件时,对凭证的填写、审核、入账以及保存。以下是凭证管理的业务流程:凭证管理员发现了财务事件后填写原始凭证,并将该原始凭证提交给出纳,出纳审核该原始凭证,若审核有误,则需要凭证管理员重新提交原始凭证;若出纳审核原始凭证无误,则交由财务主管审核,财务主管若审核原始凭证有误,则交由出纳重新进行审核;若财务主管审核凭证无误,则交由凭证管理员填写记账的凭证,并且将凭证进行入账,此次凭证管理业务结束。

(五)往来管理业务流程分析

企业经营中经常有一些往来的账款在企业中流动,而对这些往来的账款的核对、审核、收款等管理就是企业财务信息管理中的往来管理业务。往来管理的业务流程为:会计进行财务对账,并核对企业的往来账款,将该往来账款提交给财务主管进行审核,财务主管审核该往来账款的核对结果,若审核未通过,则会计重新核对企业的往来账款;若核对账款结果通过,则财务主管在往来账款上签字盖章,并将往来账款交由出纳进行签字,出纳审核该往来账款,判断是否在该往来账款上签字,若出纳审核后不签字,则财务主管继续审核往来账款的核对结果;若审核通过,则出纳收付该账款后结束往来管理业务。❶

(六)账簿管理业务流程分析

对于企业中一切的资金流动都有相关的账簿而言,为了保证企业的资金

---

❶ 李赫琳.互联网时代下的财务管理信息化建设探究[J].上海商业,2021(7):100-101.

链安全，需要定期查账，从而保证企业账目的正确性。账簿管理的业务流程为：财务主管进行定期查账，财务部查询当期所有的账簿，并请求查询相应的凭证，凭证管理人员向财务部提供相应的凭证，财务部核对了账簿和总账对应的情况后，若账簿和总账不一致，则交由财务主管处理该不一致的账簿，财务主管处理完成后交由财务部继续核对账簿和总账的对应情况；若核对账簿和总账是一致的，则财务部将该查账情况提交给财务主管审核，若财务主管审核该查账情况不通过，则交由财务部继续核对账簿和总账；若财务主管核对该查账信息正确，则财务主管签字盖章，此次账簿管理结束。

二、系统功能需求分析

（一）固定资产管理功能需求分析

企业财务信息管理系统中的固定资产管理的详细功能需求：

（1）当各部门需要采购物资时，系统具有编辑各部门采购物资申请的功能。

（2）系统具有审核该采购物资申请的功能。

（3）若物资采购申请有误，系统具有修改物资采购申请的功能。

（4）系统具有记录采购物资报销材料的功能。

（5）系统具有审核采购物资报销材料的功能。

（6）若采购物资报销材料有误，系统能够指出不全的地方。

（7）系统具有将固定资产入账的功能。

（8）系统具有记录固定资产信息的功能。

（9）系统具有查询固定物资信息的功能。

（二）员工信息管理功能需求分析

企业财务信息管理系统中的员工信息管理的详细功能需求：

（1）当新员工进入企业时，系统具有记录新员工的个人信息的功能。

（2）若员工填写的信息有误，系统具有对该员工的信息进行修改的功能。

（3）系统具有对员工的个人信息进行审核的功能。

（4）系统具有对员工的个人信息进行查询的功能。

（5）当员工离职，系统具有对员工的个人信息进行删除的功能。

（6）当员工的信息有所变动，系统具有对员工的个人信息进行更改的功能。

（7）系统具有对员工的个人信息进行保存的功能。

（8）系统具有为新员工建档的功能。

（三）工资管理功能需求分析

企业财务信息管理系统中的工资管理的详细功能需求：

（1）系统具有编辑企业员工工资标准的功能。

（2）随着企业效益的变化，系统具有修改企业员工工资标准的功能。

（3）当新的企业财务管理员进入企业时，系统具有查询以往企业员工工资标准的功能。

（4）每个月，企业财务系统中的管理员根据员工的工作情况，能够在系统中拟定一份工资发放表的功能。

（5）该工资发放表交由财务主管审核，若财务主管觉得该表有误，具有修改该员工工资发放表的功能。

（6）若工资发放表没有错误，系统可以供企业财务管理员查询工资发放表的功能。

（7）员工领取个人工资，若对个人工资存有异议，系统可以提供异议申请的功能。

（8）员工领取个人工资，系统具有记录员工领取工资状态的功能。

（9）员工工资发放完成后，系统具有核算发放情况的功能。

（10）员工工资发放完成后，系统具有保存这些工资发放信息的功能。

（11）系统提供工资条打印的功能。

（四）凭证管理功能需求分析

企业财务信息管理系统中的凭证管理的详细功能需求：

（1）当凭证管理员发现财务事件时，系统具有提供编辑原始凭证的功能。

（2）管理员提交了原始凭证，系统具有审核原始凭证的功能。

（3）若原始凭证有误，系统具有修改原始凭证的功能。

（4）若原始凭证无误，系统具有存储原始凭证的功能。

（5）原始凭证存储在系统中，系统具有查询原始凭证的功能。

（6）若原始凭证无误，系统具有编辑记账凭证的功能。

（7）系统具有入账的功能。

（五）往来管理功能需求分析

企业财务信息管理系统中的往来管理的详细功能需求：

（1）当企业财务中出现往来账款时，系统具有对该往来账款进行核对的功能。

（2）当将往来账款核对结果进行提交后，系统具有对该核对结果进行审核的功能。

（3）若审核该往来账款有问题，系统具有对往来账款结果进行修改的功能。

（4）当往来账款信息过了很久，系统具有将过期的往来账款进行删除的功能。

（5）往来账款审核通过后，系统可以提供查询该往来账款信息的功能。

（6）往来账款审核后，系统具有保存往来账款一切信息的功能。

（7）出纳审核往来账款，通过后，系统具有收付往来账款的功能。

（8）若系统收付往来账款出现问题，系统具有申请问题解决的功能。

（六）账簿管理功能需求分析

企业财务信息管理系统中的账簿管理的详细功能需求：

（1）当财务部查账时，系统具有提供账簿查询的功能。

（2）当财务查账需要凭证时，系统具有提供凭证查询的功能。

（3）当财务部核对账簿和总账是否对应时，系统具有提供账簿和总账配对的功能。

（4）若该对账簿金和总账不一致，系统具有处理该不一致的功能。

（5）若财务部查账得到结果，系统具有审核该查账情况的功能。

（6）若该查账结果有问题，系统具有修改该查账结果的功能。

（7）若该查账结果没有问题，系统具有保存该查账结果的功能。

（8）若有财务部人员想要查看该查账结果，系统具有提供查账结果查询的功能。

（9）若查账结果过了很久，系统具有删除该查账结果的功能。

（10）若财务部人员需要对查账结果进行拷贝，系统具有拷贝查账结果的功能。

第三节 财务管理信息系统的设计应用

一、系统结构设计

（一）软件体系结构设计

企业财务信息管理系统的软件有业务层、用户层和数据层。用户层中客户端软件向业务层的服务器端发送请求，业务层接收了该信息后与系统中的数据库系统建立沟通信息，业务层中的服务器端信息会发送相应数据到用户层中的客户端软件。

（二）硬件体系结构设计

企业财务信息管理系统的硬件包括服务器、防火墙、路由器、客户机以及打印机。

二、系统功能模块划分

企业财务信息管理系统包括六个功能模块，分别为固定资产管理功能模块、员工信息管理功能模块、工资管理功能模块、凭证管理功能模块、往来管理功能模块以及账簿管理功能模块。

三、系统功能模块设计

（一）固定资产管理功能模块设计

企业财务信息管理系统中的固定资产管理流程：企业财务信息管理系统在获取各部门的采购申请信息后，财务主管审核该采购申请是否通过，若该采购申请审核未通过，则系统提示未通过信息，此次固定资产管理结束；若该采购申请审核通过，则系统连接到数据库，系统判断插入的信息是否成功，若成功，系统提示采购信息保存完成，若系统判断插入的信息未成功，则系统提示插入数据库出错，此次固定资产管理结束。

（二）员工信息管理功能模块设计

企业财务信息管理系统中的员工信息管理流程：系统获取到员工的基本信息，连接到系统的数据库，若连接未成功，系统显示数据连接失败，则员工信息保存失败，此次员工信息管理结束；若系统连接数据库成功，系统执行该插入语句，若插入信息未成功，则系统显示插入数据库出错；若插入信息成功，则系统显示员工信息保存完成，此次员工信息管理结束。

（三）工资管理功能模块设计

企业财务信息管理系统中的工资管理流程：企业财务信息管理系统首先验证员工的编号，并连接到系统的数据库，若连接未成功，则系统提示连接数据失败，此次工资管理结束；若系统连接数据库成功，则系统执行该查询语句，系统判断是否搜索到记录，若没有搜索到，则系统显示该信息不存在；若搜索到记录，则系统显示员工的工资条，此次工资管理结束。

（四）凭证管理功能模块设计

企业财务信息管理系统中的凭证管理流程：系统获取到设置的科目以及凭证的信息后，获取到凭证信息的核对情况，若核对未通过，则系统显示凭证核对未通过；若核对通过，则系统获取人员信息和时间信息并保存该凭证信息，此次凭证管理结束。

（五）往来管理功能模块设计

企业财务信息管理系统中的往来管理流程：系统获取到往来账款的查询条件，查询往来账款的信息后，核对往来账款的情况，若核对往来账款情况不一致，则系统核对该不一致信息，系统保存该核对情况；若系统核对该往来账款情况一致，则系统显示往来账款核对完成，系统保存该核对情况，系统提交该审核，此次往来管理结束。

（六）账簿管理功能模块设计

企业财务信息管理系统中的账簿管理流程：企业财务信息管理系统获取搜索条件后连接到系统的数据库，并判断是否成功连接到系统的数据库，若连接数据库不成功，则系统提示连接数据库失败，账簿管理结束；若连接数据库成功，则系统将条件传入搜索语句，执行数据库操作，若记录不存在，则系统显示账簿不存在。

参考文献

[1] 曾俊平，李淑琴．"互联网+"时代下的财务管理［M］．长春：东北师范大学出版社，2017．

[2] 陈春花，徐少春，朱丽，等．数字化加速度工作方式人力资源财务的管理创新［M］．北京：机械工业出版社，2021．

[3] 崔彬．财务管理与审计创新研究［M］．北京：中国原子能出版社，2020．

[4] 樊爱国．互联网时代下企业财务管理创新思考［J］．现代商业，2022（35）：161-164．

[5] 高洁，任媛．"互联网+"时代背景下的房地产企业经营管理创新研究［M］．长春：吉林人民出版社，2020．

[6] 高云进，董牧，施欣美．大数据时代下财务管理研究［M］．长春：吉林人民出版社，2021．

[7] 郭昌荣．财务会计及其创新研究基于管理视角［M］．北京：中国商业出版社，2021．

[8] 胡娜．现代企业财务管理与金融创新研究［M］．长春：吉林人民出版社，2020．

[9] 胡晓蕾，贾力铭．互联网时代下企业财务管理创新对策分析［J］．中国科技投资，2022（7）：37-39．

[10] 寇改红，于新茹．现代企业财务管理与创新发展研究［M］．长春：吉林人民出版社，2022．

[11] 李晶．试论互联网时代下企业财务管理创新思考［J］．全国流通经济，2022（35）：40-43．

[12] 李若云．互联网时代下企业财务管理创新思考探讨［J］．环渤海经济瞭望，2022（10）：143-145．

[13] 刘春姣．互联网时代的企业财务会计实践发展研究［M］．成都：电子

科技大学出版社，2019．

［14］刘根霞．大智移云背景下的财务创新［M］．北京：北京工业大学出版社，2021．

［15］陆晓晖．互联网时代下企业财务管理创新思考［J］．知识经济，2022（15）：49-51．

［16］罗进．新经济环境下企业财务管理实务研究［M］．北京：中国商业出版社，2019．

［17］吕盼盼，杜增英．互联网时代下企业财务管理创新思考［J］．营销界，2022（10）：69-71．

［18］潘栋梁，于新茹．大数据时代下的财务管理分析［M］．长春：东北师范大学出版社，2017．

［19］沙亦鹏，叶明海，王伟榕．万众创新时代下的企业创新与财务管理［M］．上海：同济大学出版社，2019．

［20］宋振水．"互联网+"视域下的高校财务管理创新研究［M］．西安：陕西科学技术出版社，2022．

［21］陶蕃丽．互联网时代下事业单位财务管理创新思考［J］．大众商务，2022（13）：82-84．

［22］王志远．互联网时代下企业财务管理创新［J］．经济与社会发展研究，2022（22）：37-39．

［23］邬婧瑜．互联网时代下企业财务管理创新思考［J］．市场周刊（理论版），2022（9）：41-44．

［24］吴敬茹，冷冰，申丽坤．互联网金融时代小贷行业发展模式与管控创新研究［M］．天津：天津大学出版社，2017．

［25］席燕玲．"互联网+"时代的财务管理与财务行为［M］．湘潭：湘潭大学出版社，2020．

［26］夏巍．互联网时代下企业财务管理创新探讨［J］．中文科技期刊数据库（全文版）经济管理，2022（6）：58-60．

［27］肖晓兰．"互联网+"时代下企业财务管理创新探究［J］．现代营销（上旬刊），2022（12）：34-36．

［28］杨家诚．管理3.0时代：互联网时代的组织进化、管理变革与战略转型［M］．北京：中国铁道出版社，2016．

[29] 杨林霞，刘晓晖．中小企业财务管理创新研究与改革［M］．长春：吉林人民出版社，2019．

[30] 叶怡雄．企业财务管理创新实践［M］．北京：九州出版社，2021．

[31] 袁君，大数据对企业管理决策的影响分析［J］．科技经济导刊，2016（25）：171-171．

[32] 袁莉．互联网时代下企业财务管理创新思考［J］．中外企业家，2022（31）：67-69．

[33] 张建．试分析大数据对企业管理决策的影响［C］．北京中外软信息技术研究院，第三届世纪之星创新教育论坛论文集．北京：北京中外软信息技术研究院，2016：1．

[34] 张娓．大数据时代下保险公司的创新之路［M］．重庆：重庆大学出版社，2020．

[35] 朱德龙，冯骁，邓柯，等．财务管理创新与信息化研究［M］．延吉：延边大学出版社，2018．

[36] 李欣蔚．影响我国会计准则国际趋同的因素分析［J］．中国陶瓷工业，2014（11）：34-35．

[37] 李欣蔚．艺术陶瓷产业税收征管的路径选择［J］．中国陶瓷工业，2015（6）：51-53．

[38] 李欣蔚．景德镇艺术陶瓷产业发展战略研究［J］．景德镇学院学报，2018，33（5）：112-116．

[39] 李欣蔚，杨瑶红．景德镇艺术陶瓷产业税收现状及应对分析［J］．中国陶瓷工业，2019，26（1）：41-44．

[40] 李欣蔚．企业内部控制［M］．北京：中国商业出版社，2023．